北京市纯电动汽车技术
培训教程

编　著　林　程　韩　冰
总顾问　孙逢春

北京理工大学出版社
BEIJING INSTITUTE OF TECHNOLOGY PRESS

电动车辆国家工程实验室
2012 年 4 月

内 容 简 介

本书对电动汽车的基础知识进行了概述,对纯电动环卫车、纯电动客车、纯电动乘用车等各类纯电动汽车的工作原理、结构、技术性能、驾驶操作要领、充换电及维护保养方法等内容进行了详细介绍。适用于目前在北京市示范运行的各类纯电动汽车。

本书可供北京市纯电动汽车的驾驶员、维护人员、充电人员和车队管理者培训参考,请仔细阅读并遵守本书所列事项,掌握纯电动汽车使用、维护保养、检修等方面的知识,使车保持最佳工作状态,以保证行车安全,减少故障。同时本书也可供相关专业人员、学者以及电动汽车爱好者参考使用。

版权专有　侵权必究

图书在版编目(CIP)数据

北京市纯电动汽车技术培训教程/林程,韩冰编著. —北京:北京理工大学出版社,2012.6(2019.3 重印)

(新能源汽车技术丛书)

ISBN 978 - 7 - 5640 - 6066 - 4

Ⅰ.①北… Ⅱ.①林…②韩… Ⅲ.①电动汽车 - 技术培训 - 教材 Ⅳ.①U469.72

中国版本图书馆 CIP 数据核字(2012)第 123679 号

出版发行 / 北京理工大学出版社
社　　址 / 北京市海淀区中关村南大街 5 号
邮　　编 / 100081
电　　话 / (010)68914775(办公室)　68944990(批销中心)　68911084(读者服务部)
网　　址 / http://www.bitpress.com.cn
经　　销 / 全国各地新华书店
印　　刷 / 北京虎彩文化传播有限公司
开　　本 / 710 毫米×1000 毫米　1/16
印　　张 / 14.25　　　　　　　　　　　　　　责任编辑 / 多海鹏
字　　数 / 149 千字　　　　　　　　　　　　　　　　　　 张慧峰
版　　次 / 2012 年 6 月第 1 版　2019 年 3 月第 4 次印刷　责任校对 / 杨　露
定　　价 / 43.00 元　　　　　　　　　　　　　　责任印制 / 王美丽

图书出现印装质量问题,本社负责调换

前言

本书适用于目前在北京市示范运行的各类纯电动汽车,包括 2 t 型 HLT5020 ZLJEV 纯电动自卸式垃圾车、HLT5022CTYEV 纯电动桶装垃圾运输车、HLT5024 CTYEV 纯电动桶装垃圾运输车;8 t 型 HLT5074ZYSEV 纯电动压缩式垃圾车、HLT5071ZZZEV 餐厨垃圾收集车、HLT5071ZZZEV 餐厨垃圾收集车、ZLJ5071 TSL 电动扫路车;16 t 型 HLT5165 GSSEV 纯电动洒水车;BJ6123C7C4D 纯电动客车;迷迪 BJ6438EVAA3、北汽 E150EV 纯电动乘用车以及长安 E30 纯电动出租车等。

本书主要由北京理工大学电动车辆国家工程实验室和北京理工华创电动车技术有限公司负责组织编写。北京理工大学电动车辆国家工程实验室近年来在国内新能源汽车技术领域取得了多项自主创新成果,包括各种类型的电动客车、电动特种车辆、电动乘用车等整车技术成果,并作为主体承担了北京奥运会、上海世博会、广州亚运会等多个城市电动汽车示范运行的技术研发和服务项目,开发出系列电动汽车动力平台产品以及整车控制器、一体化电驱动系统等一批电动汽车关键部件,为汽车企业提供了强有力的支持。北京理工华创电动车技术有限公司是北京理工大学的学科性公司,主要业务范围包括电动车辆整车及关键零部件开发和测试、提供先进的电动车辆动力系统平台及关键部件、节能与新能源汽车技术咨询和运营保障服务等,实现北京理工大学电动车辆技术成果的转化。

本书由林程教授、韩冰博士主编,孙逢春教授担任总顾问。侯睿博士具体负责了本书的汇总工作。本书在编写过程中得到了北汽新能源汽车公司、北汽福田汽车股份有限公司、长安汽车股份有限公司、北京华林特装车有限公司、北京电巴公司、北京华商电动车动力科技有限公司、北京优科利尔能源设备有限公司的大力支持。王文伟讲师、周辉博士、朱成博士、刘鹏博士对本书的撰写工作给予了大力的帮助。

本书知识产权归属北京理工大学电动车辆国家工程实验室、北京理工华创电动车技术有限公司。

著者

目录 Contents

第1章 基本概念   1

1.1 整车 ·········· 2
- 1.1.1 电动汽车 ·········· 2
- 1.1.2 纯电动汽车 ·········· 2
- 1.1.3 电动汽车的优点 ·········· 3
- 1.1.4 我国发展电动汽车的优势 ·········· 8
- 1.1.5 纯电动汽车基本结构 ·········· 11

1.2 电机及控制器 ·········· 12
- 1.2.1 电机及控制器定义 ·········· 12
- 1.2.2 整车对电机及控制器的功能需求 ·········· 13
- 1.2.3 电机及控制器分类 ·········· 14
- 1.2.4 电机及控制器术语 ·········· 15

1.3 动力电池系统 ·········· 16
- 1.3.1 动力电池分类及锂离子动力电池 ·········· 16
- 1.3.2 动力电池基本性能参数 ·········· 19
- 1.3.3 其他动力电池术语 ·········· 25

1.4 制动能量回收系统 ·········· 28
- 1.4.1 概念 ·········· 28
- 1.4.2 制动能量回收原理 ·········· 28

1.5 纯电动汽车的电气系统 ·········· 29
- 1.5.1 电气系统组成 ·········· 29
- 1.5.2 整车网络化控制系统 ·········· 30

1.5.3　远程监控 …………………………………………………… 32
　　1.5.4　功率变换器 ………………………………………………… 34
　　1.5.5　电磁兼容性 ………………………………………………… 35
　　1.5.6　高压安全 …………………………………………………… 35

第2章　电动环卫车结构与原理　　37

2.1　基于福田2 t车底盘的电动环卫车型 ……………………………… 38
　　2.1.1　整车简介 ……………………………………………………… 38
　　2.1.2　关键部件介绍 ………………………………………………… 46
　　2.1.3　整车控制器与控制策略 ……………………………………… 61
　　2.1.4　上装的操作 …………………………………………………… 64
2.2　基于福田8 t车底盘的电动环卫车型 ……………………………… 66
　　2.2.1　整车简介 ……………………………………………………… 66
　　2.2.2　关键部件介绍 ………………………………………………… 72
　　2.2.3　整车控制器与控制策略 ……………………………………… 82
　　2.2.4　上装操作 ……………………………………………………… 82
2.3　基于福田16 t车底盘的电动环卫车型 …………………………… 85
　　2.3.1　整车简介 ……………………………………………………… 85
　　2.3.2　关键部件介绍 ………………………………………………… 88
　　2.3.3　整车控制器与控制策略 ……………………………………… 94
　　2.3.4　上装操作 ……………………………………………………… 95

第3章　**BJ6123C7C4D纯电动客车结构与原理**　　97

3.1　整车简介 …………………………………………………………… 98
　　3.1.1　基本参数 ……………………………………………………… 98
　　3.1.2　底盘系统构型 ………………………………………………… 99
　　3.1.3　高低压原理 …………………………………………………… 100
3.2　BJ6123C7C4D纯电动客车关键部件简介 ………………………… 101

3.2.1　电机及控制器 …………………………………………… 101
　　3.2.2　电池系统 ……………………………………………… 103
　　3.2.3　AMT 系统 ……………………………………………… 113
　　3.2.4　仪表与显示 …………………………………………… 118
　　3.2.5　辅助电源 ……………………………………………… 127
　　3.2.6　空调系统 ……………………………………………… 128
　3.3　整车控制器与控制策略 ………………………………………… 130
　　3.3.1　整车控制器 …………………………………………… 131
　　3.3.2　控制策略 ……………………………………………… 132

第4章　纯电动乘用车原理　135

　4.1　迷迪 BJ6438EVAA3 纯电动乘用车原理 ……………………… 136
　　4.1.1　整车基本参数 …………………………………………… 136
　　4.1.2　整车的系统构型 ………………………………………… 138
　　4.1.3　整车高压原理 …………………………………………… 139
　　4.1.4　迷迪 BJ6438EVAA3 纯电动乘用车关键部件简介 …… 139
　4.2　北汽 E150EV 纯电动乘用车 …………………………………… 144
　　4.2.1　整车基本参数 …………………………………………… 144
　　4.2.2　北汽 E150EV 纯电动乘用车关键部件简介 …………… 145
　4.3　长安 E30 纯电动出租车 ………………………………………… 153
　　4.3.1　整车基本参数 …………………………………………… 153
　　4.3.2　长安 E30 纯电动出租车关键部件简介 ………………… 154

第5章　电动汽车驾驶操作要领　157

　5.1　电动环卫车驾驶操作要领 ……………………………………… 158
　　5.1.1　车辆行驶前的检查 ……………………………………… 158
　　5.1.2　车辆的启动 ……………………………………………… 158
　　5.1.3　车辆的行驶 ……………………………………………… 159

5.1.4　车辆的停止 ……………………………………………… 160
　　5.1.5　车辆的存放 ……………………………………………… 160
　　5.1.6　驾驶安全须知 …………………………………………… 161
5.2　BJ6123C7C4D 纯电动客车驾驶操作要领 ……………………… 162
　　5.2.1　车辆行驶前的检查 ……………………………………… 162
　　5.2.2　启动、行驶及制动 ……………………………………… 163
　　5.2.3　停驶与拖拽 ……………………………………………… 163
　　5.2.4　驾驶安全须知 …………………………………………… 164
5.3　迷迪 BJ6438EVAA3 纯电动乘用车驾驶操作要领 …………… 165
　　5.3.1　方向盘锁 ………………………………………………… 165
　　5.3.2　电机启动 ………………………………………………… 166
　　5.3.3　制动 ……………………………………………………… 166
5.4　北汽 E150EV 纯电动乘用车驾驶操作 ………………………… 168
　　5.4.1　启动开关 ………………………………………………… 168
　　5.4.2　换挡 ……………………………………………………… 169
5.5　长安 E30 纯电动出租车驾驶操作 ……………………………… 169
　　5.5.1　启动 ……………………………………………………… 169
　　5.5.2　行驶与停车 ……………………………………………… 170
5.6　驾驶安全应急预案 ………………………………………………… 171
　　5.6.1　行车过程中电池发生高温、冒烟时应急措施 ………… 171
　　5.6.2　车辆发生碰撞 …………………………………………… 171

第6章　电动汽车维护保养及故障维修　　173

6.1　电动环卫车 ………………………………………………………… 174
　　6.1.1　维护保养 ………………………………………………… 174
　　6.1.2　故障维修 ………………………………………………… 179
6.2　BJ6123C7C4D 纯电动客车 ……………………………………… 180
　　6.2.1　维护保养 ………………………………………………… 180
　　6.2.2　故障维修 ………………………………………………… 182

6.3 迷迪 BJ6438EVAA3 纯电动乘用车 …………………………………… 187
　　6.3.1 维护保养 ………………………………………………………… 187
　　6.3.2 故障维修 ………………………………………………………… 187
6.4 维护保养安全 …………………………………………………………… 189
　　6.4.1 高压安全操作原则 ……………………………………………… 189
　　6.4.2 人员要求 ………………………………………………………… 190
　　6.4.3 维护要求 ………………………………………………………… 190

第7章　电动汽车充电与换电　　191

7.1 电动环卫车 ……………………………………………………………… 192
　　7.1.1 整车充电 ………………………………………………………… 192
　　7.1.2 换电 ……………………………………………………………… 194
7.2 BJ6123C7C4D 纯电动客车 …………………………………………… 194
　　7.2.1 整车换电 ………………………………………………………… 194
7.3 迷迪 BJ6438EVAA3 纯电动乘用车 …………………………………… 195
　　7.3.1 快速充电 ………………………………………………………… 196
　　7.3.2 慢速充电 ………………………………………………………… 196
　　7.3.3 操作注意事项 …………………………………………………… 197
7.4 北汽 E150EV 纯电动乘用车 …………………………………………… 197
　　7.4.1 充电前的准备 …………………………………………………… 197
　　7.4.2 充电步骤 ………………………………………………………… 199
　　7.4.3 充电操作注意事项 ……………………………………………… 200
7.5 长安 E30 纯电动出租车 ………………………………………………… 201
　　7.5.1 充电条件 ………………………………………………………… 201
　　7.5.2 充电步骤 ………………………………………………………… 201
　　7.5.3 充电操作注意事项 ……………………………………………… 203
7.6 交流充电桩充电操作 …………………………………………………… 203
　　7.6.1 交流充电桩外观 ………………………………………………… 203
　　7.6.2 交流充电桩基本构成 …………………………………………… 203

7.6.3 充电准备 …………………………………… 205
  7.6.4 充电操作步骤 ………………………………… 205
  7.6.5 充电操作注意事项 ……………………………… 209
  7.6.6 交流充电桩操作安全警告 …………………………… 211
 7.7 充电机充电操作 …………………………………… 211
  7.7.1 充电机外观 …………………………………… 211
  7.7.2 充电机充电操作步骤 ……………………………… 212
  7.7.3 充电机操作注意事项 ……………………………… 215
 7.8 充电操作安全须知 …………………………………… 215
  7.8.1 锂离子电池安装安全操作规程 ………………………… 215
  7.8.2 充电过程中发生紧急情况的应急措施 …………………… 216
  7.8.3 充电站内电池发生紧急情况的应急措施 …………………… 216

参考文献 218

第1章 Chapter 1　基本概念

1.1 整车

笔记

1.1.1 电动汽车

电动汽车是主要以电池为能量源，全部或部分由电机驱动的汽车，是涉及机械、电子、电力、微机控制等多学科的高科技技术产品。

普通燃油汽车的发动机是通过活塞运动把燃油在汽缸里爆炸时所产生的力量转变为旋转运动的，其旋转速度是由改变变速箱的齿轮组合和控制燃油爆炸压力的大小和次数来调节，因而具有振动大、噪声大以及排放尾气的问题。电动汽车的动力是电，电动机的旋转能直接传递给驱动部分，因而几乎没有噪声和振动，而且运行时无须预热。

按照目前技术状态和车辆驱动原理，一般将电动汽车划分为纯电动汽车（Electric Vehicle，EV）、混合动力电动汽车（Hybrid Electric Vehicle，HEV）和燃料电池电动汽车（Fuel Cell Electric Vehicle，FCEV）3种类型。

1.1.2 纯电动汽车

纯电动汽车，其动力系统主要由动力蓄电池、驱动电机及其控制系统组成，它从电网取电（或更换动力蓄电池）获得电力，并通过动力蓄电池向驱动电机提供电能驱动汽车行驶。

典型的纯电动汽车结构如图1-1所示。动力电池组输出电能驱动电机，从而推动车辆行驶，电池的电能通过充电系统在车辆行驶一定的里程后进行补充。

第1章 基本概念

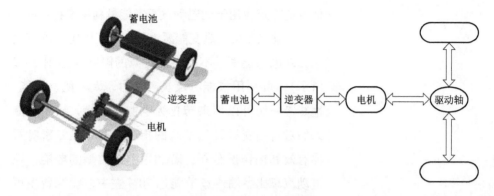

图1-1 典型的纯电动汽车结构

 笔记

纯电动汽车是其他类型电动汽车（HEV 和 FCEV）的基础，具有零排放、噪声小、结构简单、维护较少的优点。相对于燃油汽车和其他类型的电动汽车，纯电动汽车能量利用效率最高，而且电力价格便宜，使用成本低。由于纯电动汽车可以利用夜间用电低谷充电，因此，它还具有调节电网系统峰谷负荷，提高电网效能的作用。

1.1.3 电动汽车的优点

电动汽车由于全部或部分采用电力驱动，因此与普通燃油汽车相比具有其特有的优点。

1. 电动汽车可以减少石油消耗总量，改变能源消耗结构

通过发展电动汽车技术和推广电动汽车的应用，可以减少石油燃料的总消耗量。与普通燃油汽车相比，电动汽车能量利用效率高。据测算，将原油提炼成汽油、柴油并用于燃油汽车驱动时，平均能量利用率仅为14%左右。纯电动汽车即使使用燃烧重油发电的电厂输出的电，其能量经重油提炼、电厂热电转换、电力输配、电池充电、电机损耗等环节，在电机输出轴也可得到20%左右的能量。如果是其

笔记

他发电方式应用于纯电动汽车,能量利用率将更高。

电动汽车可以改变能源消耗结构。因电动汽车使用二次电力能源,不受石油资源的限制(如图1-2所示),可利用核能、煤炭、水力、太阳能、风能、地热等一切可以用来转化为电能的能量,从而解除人们对石油资源日见枯竭的担心。据有关专家对石油有效利用情况分析,若利用上述类型的电能,纯电动汽车比燃油汽车节能达70%左右,能源费用可节省50%左右,这对于中国这样一个人口众多、能源紧缺的国家是相当重要的。

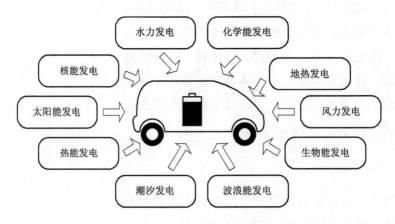

图1-2 电动汽车能源的多样化

2. 纯电动汽车可以改善电网系统峰谷负荷平衡问题

世界各国供电系统都存在峰谷负荷平衡问题,北京市电网峰谷负荷差已超过40%(上海更是达到60%)。目前我国发电装机容量增长迅速,2007年1年就增加了1亿千瓦,2007年年底已达7.13亿千瓦,总装机容量很快可达8亿千瓦,电网夜间"积压"一半(接近4亿千瓦),而随着我国核电(其发电功率要求日夜恒定)的不断发展和几个"风电三峡"的建成(我国风场夜间风大),"谷电"卖不出去的形势更为严峻,电网调峰的任务日益加重。目前,除了利用夜间用电价格便宜,鼓励使用"谷电"的方式外,解决峰谷不平衡的主要方式是建设抽水蓄能电站,而建设抽水蓄能电站投入成本较大。以北京十三陵80万千瓦抽水蓄能电站为例,其建设费用为37.31亿元人民币(每千瓦约合4 664元),如建5 000万千瓦抽水蓄能电站就需2 000多亿元人民币,同时抽水蓄能电站的建设要有合适的场地,而且抽水蓄能电站能量效率仅约为70%。采用电动汽车夜间充电蓄能避免了电能的二次回收消耗,效率约90%。若一辆电动汽车每天夜间平均能吸收50 kW·h的电能,几十万辆电动汽车就能完成一个千万千瓦级电厂的调峰任务。因此,利用夜间对电动汽车充电,现有电网容量已经能适应若干年电动汽车发展电能需求,不但有利于电动汽车的能量补充,也有利于电网的峰谷平衡,减少为维持电网低负荷运转而引起的费用。美国、德国等发达国家已把发展电动汽车与蓄电池储能纳入电网发展规划。以北京为例,300万辆轿车中如有100万辆是纯电动汽车,以平均每辆2千瓦的功率充电,即可消耗200万千瓦的"谷电",相当于两个半十三陵抽水蓄能电站。

3. 电动汽车可以极大地减少污染物和温室气体排放

纯电动汽车和燃料电池电动汽车在运行阶段没有有害的尾气排放,在本质上是一种零排放汽车。使用纯电动汽车替代燃油汽车后环境质量的变化主要受以下4个因素影响:

(1)使用纯电动汽车替代燃油汽车后汽车污染排放物数量的变化所导致的环境质量改善程度;

(2)噪声降低所引起的环境质量改善;

(3)因使用电动汽车使得电力需求增加所引起

笔记

的发电厂污染排放增加导致环境质量下降；

（4）动力电池的生产、使用对环境的破坏程度。

表1-1是纯电动汽车和燃油汽车在环境方面的有关指标比较。从表1-1中可以看出，前两个因素电动汽车大大优越于燃油汽车。对于后两个因素，国外资料研究表明，使用电动汽车必然造成对电力新的需求，但通过一些优惠政策鼓励电动汽车用户在夜间充电，使得电动汽车尽量利用夜间多余电力，提高了电网的使用效率，也在一定程度上降低了诸如火力发电的废气排放量。另外电厂废气排放可以集中处理，技术和经济上都优于汽车的废气排放。目前新型动力电池也朝着污染低、安全性好的方向发展，并且动力电池的后处理也可以集中进行。在美国加利福尼亚州进行的试验和研究表明，在综合考虑上述两个因素影响的前提下，使用电动汽车替代燃油汽车能大大降低 CO 和 HC 的排放量，NO_x、SO_x 则随发电厂排污控制技术和使用清洁能源发电后有所降低。表1-1是世界自然基金组织提供的燃油汽车和美国及欧洲纯电动汽车 CO_2 排放量的对比，可以看出纯电动汽车 CO_2 排放量得到了明显的降低。

表1-1　纯电动汽车与燃油汽车的废气排放比较　　　　　　g/km

废气组成	燃油汽车	电动汽车
CO	17.0	0
HC	2.7	0
NO_x	0.74	0（0.023）
CO_2	320	0（130）

注：括号中的数据考虑了电厂排放的废气。

笔记

根据富士重工所做的测试,斯巴鲁 R1 牌微型汽油车的油耗为每百公里① 5.71 L,而每燃烧 1 L 汽油,便会产生 2.32 kg CO_2,所以 R1 牌微型汽油车行驶 10 000 km 后,便会产生 1.325 t 的 CO_2;与 R1 牌微型汽油车同一尺寸、同一牌号、同一级别的 R1e 款纯电动微型汽车每行驶 10 km,便会消耗 1°电。据日本东京电力公司测算,每发一度电(火力发电)会产生 0.381 kg CO_2,所以 R1e 款纯电动微型车行驶 10 000 km 后,相当于火力发电厂排出 0.381 t CO_2。可见,后者 CO_2 的排放量只相当于前者的 28.7%。日本三菱公司提供的数据也显示,iMIEV 纯电动汽车与燃油汽车相比,CO_2 的排放量大约减少 72%。

虽然我国的发电以煤为主,但电动汽车的应用仍具有显著的减排效果。按照目前我国 80% 的高煤电比例,同等车重的电动汽车与燃油汽车相比,CO_2 排放降低潜力可达 30% 左右。随着我国煤电发电水平的提高和电力来源的多元化、清洁化,电动汽车的减排效果将会更加明显。2006 年通过的《可再生能源法》明确规定可再生能源领域是中国能源优先发展的领域,提出大力发展可再生能源,到 2010 年使可再生能源消费量达到能源消费总量的 10%,到 2020 年达到 15% 的发展目标。中国将加快大型水电建设,积极推进风力发电、生物能和太阳能发电等利用技术,将建设若干个百万千瓦级风电基地。

图 1-3 所示为各种车辆在全局有害排放物的比较。

另外,相对于燃油发动机汽车,电动汽车产生的噪声和散热量较小。相关资料显示,纯电动汽车的噪声比同类燃油车辆的噪声低 5 分贝以上,如大规模推广电动汽车将大幅度降低城市噪声。纯电动汽

---

① 1公里=1千米。

笔记

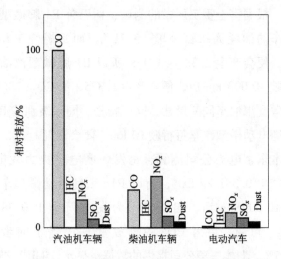

图1-3 各种车辆在全局有害排放物的比较

车在工作过程中,由于能量转换效率很高、发热较少且不排放废气,排向环境中的热量要比内燃机汽车少80%以上,是减少城市热污染的最有效途径。图1-4所示为燃油车和电动汽车产生的噪声比较。

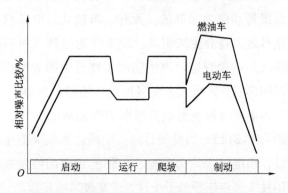

图1-4 燃油车和电动汽车产生的噪声比较

1.1.4 我国发展电动汽车的优势

1. 我国发展电动汽车的资源优势

我国电动汽车关键部件资源丰富。电动汽车与传统汽车相比新增部件涉及的资源消耗主要与动力电池和电机有关,战略性资源主要包括锂(电池正极材料中的磷酸铁锂或锰酸锂）和稀土（稀土永磁材料做电机转子材料），其他还包括锰、铁、矾、磷、铝、铜等资源。我国是世界锂资源第三大国（见表1-2），而且资源分布比较集中，盐湖卤水锂主要分布在青海、湖北，工业储量占52%，矿石锂集中分布在四川、江西、湖南、新疆四省、自治区，占全国储量的98%。我国稀土永磁材料资源量居世界首位，占世界总储量的一半，稀土产品产量占世界市场的90%以上。此外，锰、铁、矾、磷等在我国都是富产资源。铜、铝虽然国内保障能力不足，目前三分之二铜精矿石、三分之一的氧化铝需进口，但有关国际机构（如国际铜业协会）认为，电动汽车的发展并不会对全球的铜等资源供应格局产生根本性影响，再加上铜、铝等资源的再生性能好，电池的回收利用就有较大的资源利用潜力。由此可见，我国发展电动汽车有一定的资源保障能力，相对于美、日而言更有资源优势，并不会出现严峻的资源供应安全问题。

笔记

表1-2　2006年世界锂资源储量（金属量）　　　　万吨

序号	国家	金属锂可采储量	序号	国家	金属锂可采储量
1	智利	300	5	加拿大	18
2	阿根廷	大于140	6	澳大利亚	16
3	中国	54	7	美国	3.8
4	巴西	19	8	……	……
全球总计					大于550

2. 我国发展电动汽车的市场优势

汽车产业是国民经济重要的支柱产业，产业链

笔记

长、关联度高、就业面广、消费拉动大,在国民经济和社会发展中发挥着重要作用。近年来,我国汽车产量和保有量增长迅速,汽车市场迅速扩张,我国汽车市场的国际地位迅速提升。汽车产量由1999年的183.2万辆迅速增加到2009年的1 379.1万辆,年平均增长率超过20%。我国汽车保有量也迅速增长,2009年达到7 619万辆,预计2015年将超过1亿辆。巨大的市场容量使我国依赖任何单一能源方式都无法承受,为我国发展电动汽车提供了规模经济性。

虽然我国汽车产业高速发展,形成了多品种、全系列的各类整车和零部件生产及配套体系,产业集中度不断提高,产品技术水平明显提升,并已经成为世界汽车生产大国,但是,我国汽车产业结构不合理、技术水平不高、自主开发能力薄弱等问题依然突出,能源、环保、城市交通等制约日益显现。我国要成为世界汽车强国,还有很长的路要走,实施结构调整是汽车产业进一步发展的必然要求。汽车产业在经历了多年的高速增长后,必然要进行一次大的调整,以解决内部结构和外部环境积累的诸多矛盾。实施新能源汽车战略是我国汽车工业进行结构调整的重要举措。

2008年,金融危机爆发后,以美国为代表的汽车生产大国,将发展电动汽车作为经济刺激计划的重要组成部分,加大了政府支持的力度,以期达到抢占国际竞争制高点、恢复经济增长、保障能源安全、应对气候变化的多重目标。可以预见,政府的强力支持,将明显加速产业化的步伐,电动汽车将成为全球重要的战略性新兴产业。我国作为新兴的汽车生产大国,既面临产业技术转型的严峻挑战,也出现了难得的历史机遇。发展电动汽车产业是我国汽车产业技术升级转型的必然选择，是我国汽车产业跨越式发展、赶超发达国家的重大历史机遇。我国具备加速推进电动汽车研发和产业化的基础和条件，如果战略目标明确、政策措施得当，我国有可能像日本在经历石油危机之后以节能紧凑型汽车确立全球竞争优势一样，在电动汽车领域实现技术跨越，形成竞争优势。

1.1.5 纯电动汽车基本结构

如图1-5所示，电动汽车系统一般可分为3个子系统，即电力驱动子系统、主能源子系统和辅助控制子系统。其中，电力驱动子系统由驱动电机、电控单元、功率变换器、机械传动装置和驱动车轮等组成；主能源子系统由主电源、能量管理系统和充电系统等构成；辅助控制子系统具有动力转向、温度控制和辅助动力供给等功能。通过从制动踏板和加速踏板输入的信号，电子控制器发出相应的控制指令来控制功率变换器功率装置的通断，功率变换器的功能是调节电机和电源之间的功率流。当电动汽车制动时，再生制动的动能被电源吸收，此时功率流的方向要反向。能量管理系统和电控系统一起控制再生制动及其能量的回收，能量管理系统和充电器一同控制充电并监测电源的使用情况。辅助动力供给系统供给电动汽车辅助系统不同等级的电压并提供必要的动力，它主要给动力转向、空调、制动及其他辅助装置提供动力。除了从制动踏板和加速踏板给电动汽车输入信号外，方向盘输入也是一个很重要的输入信号，动力转向系统根据方向盘的角位置来决定汽车灵活的转向。

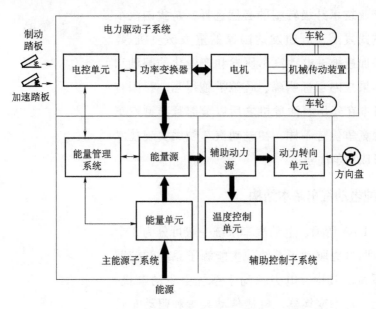

图 1-5 纯电动汽车基本结构

1.2 电机及控制器

1.2.1 电机及控制器定义

电机驱动系统是电动汽车的心脏，它的主要任务是在驾驶员的控制下，高效率地将动力电池的能量转化为车轮的能量来驱动车辆，或者将车辆传递至车轮上的动能反馈到动力电池中以实现车辆的制动能量回收。

如图 1-6 所示，电机驱动系统主要由电机及其控制系统组成。电机由控制器控制，是一个将电能转变为机械能的装置。电机控制系统主要包括控制器和功率变换器。控制器分为 3 个功能单元：传感器、中间连接电路与处理器。传感器把测得的数据，如电流、电压、温度、速度、转矩以及电磁通等转变为电信号，通过连接电路把这些电信号调整到合

第1章 基本概念

 笔记

适的值，然后输入到处理器。处理器的输出信号通常经过中间电路放大，驱动功率变换器的半导体元件。在驱动和制动能量回收过程中，电池与电机之间的能量流动是通过功率变换器进行调节的。电机与车轮通过机械传动装置连在一起，该传动装置是可选的，因为电机也可以直接装在车轮上，用电动轮直接驱动。

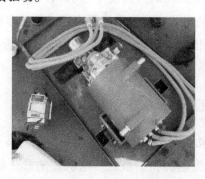 

图 1-6 电机及控制器

1.2.2 整车对电机及控制器的功能需求

用于电动汽车的驱动电机与常规工业用电机有很大的不同，工业用驱动电机通常优化在额定的工作点，而电动汽车用驱动电机通常要求能够频繁地启动/停车、加速/减速，低速或爬坡时要求高转矩；高速行驶时要求低转矩，并要求变速范围大。电动汽车对驱动电机的性能要求如下：

（1）过载能力强。为保证车辆动力性好，要求电机具有较好的转矩过载和功率过载能力，峰值转矩一般为额定转矩的 2 倍以上，峰值功率一般为额定功率的 1.5 倍以上，且峰值转矩和峰值功率的工作时间一般要求 5 min 以上。

（2）转矩响应快。电机一般采用低速恒转矩和高速恒功率控制方式，要求转矩响应快、波动小、稳定性好。

笔记

(3) 调速范围宽。要求电机具有较宽的调速范围,最高转速是基速的2倍以上,电机要能四象限工作。

(4) 高效工作区宽。电机驱动系统要求有宽转速范围高效工作区,系统效率大于80%的转速区大于75%。

(5) 功率密度高。为便于电机及其控制系统在车辆上的安装布置,要求系统具有很高的功率密度。

(6) 电机驱动系统可靠性好、电磁兼容性好、易于维护。

1.2.3 电机及控制器分类

目前电动汽车常用的电机驱动系统主要有4种:

(1) 直流电机驱动系统。电机控制器一般采用脉宽调制(PWM)斩波控制方式。

(2) 交流感应电机驱动系统。电机控制器采用PWM方式实现高压直流到三相交流的电源变换,采用变频调速方式实现电机调速,采用矢量控制或直接转矩控制策略实现电机转矩控制的快速响应。

(3) 交流永磁电机驱动系统,包括正弦波永磁同步电机驱动系统和梯形波无刷直流电机驱动系统。其中正弦波永磁同步电机控制器采用PWM方式实现高压直流到三相交流的电源变换,采用变频调速方式实现电机调速;梯形波无刷直流电机控制通常采用"弱磁调速"方式实现电机的控制。由于正弦波永磁同步电机驱动系统低速转矩脉动小且高速恒功率区调速更稳定,因此比梯形波无刷直流电机驱动系统具有更好的应用前景。

(4) 开关磁阻电机驱动系统。电机控制一般采用模糊滑模控制方法。

目前电动环卫车所用电机均为永磁同步电机,

第1章 基本概念

 笔记

交流永磁电机采用稀土永磁体励磁,与感应电机相比不需要励磁电路,具有效率高、功率密度大、控制精度高、转矩脉动小等特点。

1.2.4 电机及控制器术语

电机及控制器的主要性能指标如下:

(1) 额定功率:在额定条件下的输出功率。

(2) 峰值功率:在规定的持续时间内,电机允许的最大输出功率。

(3) 额定转速:额定功率下电机的转速。

(4) 最高工作转速:相应于电动汽车最高设计车速的电机转速。

(5) 额定转矩:电机在额定功率和额定转速下的输出转矩。

(6) 峰值转矩:电机在规定的持续时间内允许输出的最大转矩。

(7) 电机及控制器整体效率:电机转轴输出功率除以控制器输入功率再乘以100%。

下面以 2 t 型环卫车电机参数为例,具体说明上述指标的实际意义。

额定功率:30 kW;

峰值功率:60 kW;

额定转速:3 000 r/min;

最大转速:8 000 r/min;

额定转矩:96 N·m;

峰值转矩:200 N·m;

额定效率(包括控制器):≥93%。

该类型电机的效率如图 1-7 所示。

电机在超过额定范围条件下工作时,将有一定的时间限制,如 15 min 峰值工况、30 min 峰值工况等。

15

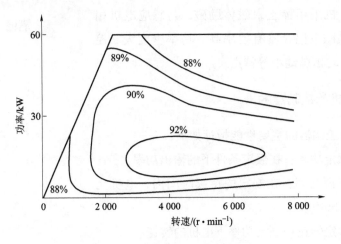

图1-7 电机功率、转速与效率

1.3 动力电池系统

笔记

自电动汽车诞生以来，动力电池技术一直制约着电动汽车的实用化进程。提高功率密度、能量密度、使用寿命以及降低成本一直是电动汽车动力电池技术研发的核心。动力电池成组应用技术（包括电池箱、电池管理系统和热管理系统等）是连接整车和动力电池研发生产的技术纽带和桥梁，制约着电动汽车产业化和市场化发展。鉴于动力电池对电动汽车发展的重要性，世界各国都在加紧研制电动汽车用动力电池，并通过设立专门计划来推动动力电池的研究工作。

1.3.1 动力电池分类及锂离子动力电池

可用于电动汽车的动力电池包括阀控铅酸电池（VRLA）、镍-镉电池（Ni-Cd）、镍-锌电池（Ni-Zn）、镍氢电池（Ni-MH）、锌空气电池（Zn/Air）、铝空气电池（Al/Air）、钠硫电池（Na/S）、钠镍氯化物电池（Na/NiCl$_2$）、锂聚合物电池（Li-Polymer）

和锂离子电池（Li-Ion）等多种类型，如图1-8所示，各类型动力电池的性能对比见表1-3所示。动力电池经历了铅酸电池、镍镉电池、钠硫电池等多种类型的发展和探索之后，目前应用主要集中在阀控铅酸电池、镍氢动力电池和锂离子动力电池，而锂离子动力电池由于具有能量密度高、大功率充放电能力强等优点，逐渐成为电动汽车的主要能量源，如图1-9所示。本书所提及的所有车型都使用的是锂离子动力电池。

笔记

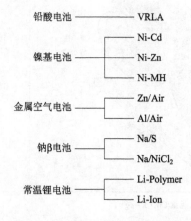

图1-8　电动汽车动力电池分类

表1-3　各类动力电池性能参数对比表

电池类型	比能量 （质量比能量） /(W·h·kg^{-1})	能量密度 （体积比能量） /(W·h·L^{-1})	比功率 /(W·kg^{-1})	循环寿命 /(Cycles)	预计成本 /(US \$·kW·h^{-1})
VRLA	30~45	60~90	200~300	400~600	150
Ni~Cd	40~60	80~110	150~350	600~1 200	300
Ni~Zn	60~65	120~130	150~300	300	100~300
Ni~MH	60~70	130~170	150~300	600~1 200	200~350
Zn/Air	230	269	105	NA	90~120
Al/Air	190~250	190~200	7~16	NA	NA
Na/S	100	150	200	800	250~450

续表

电池类型	比能量 （质量比能量） /(W·h·kg^{-1})	能量密度 （体积比能量） /(W·h·L^{-1})	比功率 /(W·kg^{-1})	循环寿命 /(Cycles)	预计成本 /(US \$·kW·h^{-1})
Na/NiCl$_2$	86	149	150	1 000	230~350
Li-Polymer	155	220	315	600	NA
Li-Ion	90~130	140~200	250~450	800~1 200	>200

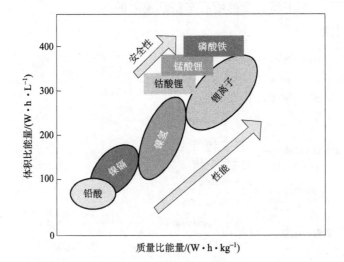

图1-9 动力电池能量密度

 笔记

锂离子电池出现在20世纪90年代初期，在短短十几年的时间里，得到了空前的发展，被认为是未来极具发展潜力的动力电池。

锂离子电池使用锂碳化合物（Li$_x$C）作负电极，锂化过渡金属氧化物（Li$_{1-x}$M$_y$O$_z$）作正电极，液体有机溶液或固体聚合物作电解液。在充放电过程中，锂离子在电池正极和负极间往返流动。电化学反应方程式为

$$Li_xC + Li_{1-x}M_yO_z \leftrightarrow C + LiM_yO_z$$

放电时，负极上释放锂离子，通过电解液流向正电极并被吸收；充电时，反应过程相反，如

图 1-10 所示。

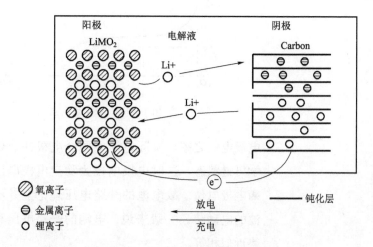

图 1-10 锂离子电池充放电原理

1.3.2 动力电池基本性能参数

 笔记

动力电池的能量密度、功率密度、充放电性能、成本、使用寿命、单体一致性和安全性等性能是影响电动汽车能否实现产业化的关键因素。

1. 端电压和电动势

动力电池的端电压是指动力电池正极和负极之间的电位差,如图 1-11 所示。动力电池在没有负载情况下的端电压称为开路电压。动力电池接上负载后处于放电状态下的电压称为负载电压,又称为工作电压。电池充放电结束时的电压称为终止电压,分为充电终止电压和放电终止电压。

在图 1-11 中,V_t 代表端电压,V_{FC} 为充电终止电压,V_{cut} 为放电终止电压,Q_p 为电池实际容量,SoD 为放电状态。可见,端电压低于放电终止电压时继续放电,会导致端电压急剧下降甚至造成电池损坏,故应严格避免此类现象的出现。

电池的电动势等于组成电池的两个电极的平衡

笔记

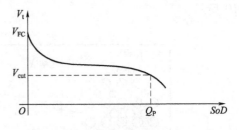

图 1-11 电池端电压

电极电位之差。实际电池中两个电极并非处于热力学可逆状态,这时电极电位为稳定电极电位而非平衡电极电位,故电池的开路电压理论上并不等于电池的电动势,一般来说,电池的开路电压和其电动势近似相等。

2. 电流

放电时电池里输出的电流称为放电电流,充电时电池里流过的电流称为充电电流,电池在放电或充电时所允许的电流最大值称为最大允许电流。

电池的放电、充电电流通常用充/放电率表示:

$$I = kC_n$$

式中,I 为蓄电池的充/放电电流(A);n 为与蓄电池额定容量对应的标定放电时间;C 为蓄电池的额定容量(A·h);k 为比例系数。

例如,额定容量 5 A·h 的蓄电池以 $C/5$ 放电率放电,则放电电流为 $kC_n = (1/5) \times 5 = 1$ A;额定容量 10 A·h 的蓄电池以 2 A 放电,则放电率为 $I/C_n = (2/10)C = 0.2C$,即 $C/5$。因此,在表示蓄电池的可利用能量或容量时,一定要指出放电率,随着放电率的提高,蓄电池可利用能量或容量降低。纯电动客车锰酸锂锂离子电池组的放电率常为 $0.2\ C \sim 0.3\ C$,最大为 $0.5\ C \sim 0.7\ C$。

图 1-12 所示为放电电流与放电时间之间的关系,定性地对比了以两种不同的电流放电时电池的

放电特性，图中 $t_{cut,1}$，$t_{cut,2}$ 表示放电终止时间，I_1、I_2 代表两种放电电流且 $I_1 > I_2$。可见，放电电流越大，电池容量越小，放电时间越短；放电电流越小，电池容量越大，放电时间越长。

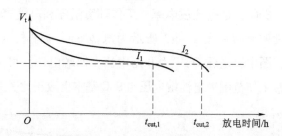

图 1-12　放电电流与放电时间之间的关系

3. 电池的容量

电池的容量是指充满电的电池在指定的条件下放电到终止电压时输出的电量，单位为 A·h。纯电动客车锰酸锂锂离子电池组的电池容量为 360 A·h。

电池的容量有理论容量、额定容量和实际容量之分。

理论容量是假定电池中的活性物质全部参加成流反应，根据法拉第定律计算所能给出的电量。理论容量是电池容量的最大极限值，电池实际放出的容量只是理论容量的一部分。

额定容量也叫标称容量，是指在规定的条件下电池应放出的电量。额定容量是制造厂标明的安时容量，作为验收电池质量的重要技术指标。

实际容量是指充满电的电池在一定条件下所能输出的电量，它等于放电电流和放电时间的乘积。

电池的实际容量除与其本身的结构与制造工艺有关外，主要受其放电制度的影响，放电制度包括放电速率、放电形式（恒流、变流或脉冲）、终止电压和温度等因素。

用电池的荷电状态（State of Charge，SoC）描述

笔记

电池剩余容量占额定容量的百分比,用放电深度(Depth of Discharge,DoD)描述电池已放出的电量与电池额定容量的比值。纯电动客车锰酸锂锂离子电池组的放电深度可达 85% DoD。与电池的容量相似,SoC 也是电池放电率、工作环境温度和电池老化程度的函数。图 1-13 所示为电池 SoC 与端电压关系,图中纵坐标 OCV 为开路电压,即端电压。可见,正常工作范围内电池端电压与 SoC 基本上成正比关系。

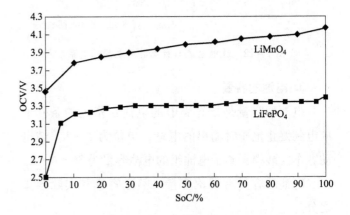

图 1-13 电池 SoC 与端电压关系

4. 电池的能量与能量密度

电池的能量是指在按一定标准所规定的放电制度下,电池所输出的电能,单位为瓦时(W·h)或千瓦时(kW·h)。

电池的能量也有实际能量与标称能量之分。实际能量为电池在一定的放电条件下的实际容量与平均工作电压的乘积;标称能量是指电池的额定容量与其额定电压的乘积。

通常用能量密度(又称比能量)作为衡量各种动力电池性能的一项重要的指标。能量密度有质量能量密度和体积能量密度之分。质量能量密度是指电池单位质量所能输出的电能,单位为瓦时/千克(W·h/kg);体积能量密度是指电池单位体积所能输出的电能,单位为瓦时/升(W·h/L)。电池的质量能量密度指标比体积能量密度指标更为重要,因为电池质量能量密度影响电动汽车的整车质量和续驶里程,而体积能量密度只影响到电池的布置空间。质量能量密度是评价电动汽车的能量源是否能满足预定的续驶里程的重要指标。既然电池的可利用容量是电池放电率的函数,那么,电池质量能量密度和体积能量密度的定义也与电池的放电率有关。

5. 电池的功率与功率密度

电池的功率是指在一定的放电制度下,单位时间内电池输出的能量,单位为瓦(W)或千瓦(kW)。图1-14所示为电池的功率特性图,图中横坐标为放电电流,纵坐标为电池功率,P_{max}和$i_{P_{max}}$分别表示电池最大功率值以及电池达到最大功率时的放电电流值。由图可见,电池功率先随放电电流增大而增大,直到达到最大功率,而后电池功率随放电电流增大而减小,故驾驶电动汽车时要避免猛踩油门。

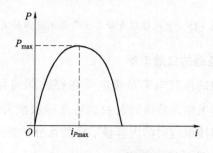

图1-14 电池功率特性

质量功率密度是指单位质量的电池输出的功率,单位为W/kg。体积功率密度是指单位体积的电池输出的功率,单位为W/L。功率密度是评价能量源能否满足电动汽车加速和爬坡性能要求的重要指标。对于电化学电池,比功率与电池的放电深度DoD密切相关。因此，在表示电池功率密度时还要指出电池的放电深度 DoD。

6. 电池的循环使用寿命（Cycle Life）

电池的循环使用寿命是指以电池充电和放电一次为一个循环，按一定测试标准，当电池容量降到某一规定值（一般规定为额定值的 80%）以前，电池经历的充放电循环总次数。循环使用寿命是评价电池寿命性能的一项重要的指标。动力电池循环次数越多，可用 SoC 范围越窄，如图 1-15 所示。

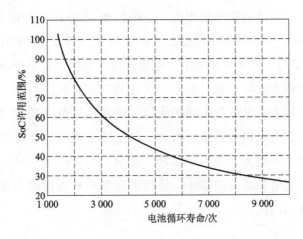

图 1-15 电池循环寿命与 SoC 许用范围的关系

7. 电池的自放电率

电池的自放电率是指电池在存放期间容量的下降率，即电池无负荷时自身放电使容量损失的速度。自放电率用单位时间内容量下降的百分数表示。

8. 电池的输出效率

电池实际上是一个能量存储器，充电时把电能转变为化学能储存起来，放电时再把化学能转变为电能释放出来，供用电装置使用。电池的输出效率通常用容量效率和能量效率来表示。电池的容量效率指电池放电时输出的容量与充电时输入的容量之比，电池的能量效率指电池放电时输出的能量与充

第1章 基本概念

 笔记

电时输入的能量之比。通常，电池的能量效率为55%~75%，容量效率为65%~90%。对电动汽车而言，能量效率是比容量效率更重要的一个评价指标。

9. 电池的一致性

对于同一类型、同一规格、同一型号电池之间在电压、内阻、容量等参数方面存在的差别称为电池的一致性。一组电池的寿命在很大程度上取决于它的一致性。由于电动汽车的动力电池都是成组使用，因此，一致性是评价电池组性能的关键指标之一。影响电池一致性的因素主要有单体电池的设计和制造水平、用户的使用方式等。

10. 抗滥用能力

电池的抗滥用能力指电池对短路、过充、过放、机械振动、撞击、挤压以及遭受高温和着火等非正常使用情况的容忍程度。

1.3.3 其他动力电池术语

1. 动力电池结构

单体动力电池：构成蓄电池的最小单元，一般由正极、负极及电解质等组成，其标称电压为电化学偶的标称电压。纯电动客车锰酸锂锂离子单体电池的额定电压为3.6 V，额定容量为90 A·h。

动力电池模块：一组相联的单体动力电池的组合。

动力电池组：由一个或多个动力电池模块组成的单一机械总成。

电池管理系统（BMS）：可以控制动力电池输入和输出功率，监视蓄电池的状态（温度、电压、荷电状态），为蓄电池提供通信接口的系统。

电池辅助装置：电池系统正常工作所需的蓄电池托架、冷却系统、温控系统等部件。

笔记

动力电池系统:所有的动力电池组及电池管理系统的组合。

2. 放电

恒流放电:动力电池以一个受控的恒定电流进行的放电。

倍率放电:动力电池以额定电流倍数值进行的放电。

连续放电时间:动力电池不间断放电至终止电压时,从开始放电至终止放电的时间。

深度放电:表示蓄电池50%或更大的容量被释放的程度。

3. 充电

充电(对动力电池):从外部电源供给动力电池直流电,将电能以化学能的方式储存起来的过程。

涓流充电:为补充自放电,使动力电池保持在近似完全充电状态的连续小电流充电。

完全充电:动力电池内所有可利用的活性物质都已转变成完全荷电的状态。

均衡充电:为确保动力电池中所有单体动力电池荷电状态均匀的一种延续充电。

恒流充电:以一个受控的恒定电流给动力电池进行充电的方式。

恒压充电:以一个受控的恒定电压给动力电池进行充电的方式。

脉冲充电:以脉冲电流给动力电池进行充电的方式。

充电器:控制和调整动力电池充电的电能转换装置。

车载充电器:固定地安装在车上的充电器。

4. 能量参数

总能量:动力电池在其寿命周期内电能输出的

总和，单位为 W·h。

充电能量：通过充电器输入动力电池的电能，单位为 W·h。

放电能量：动力电池放电时输出的电能，单位为 W·h。

5. 电压参数

标称电压：用于鉴别动力电池类型的适当的电压近似值。纯电动客车锰酸锂锂离子电池组的标称电压为 388 V。

平均电压：在规定的充放电过程中，用瓦时数除以安时数所得到的值。它不是某一段时间内的平均电压（除了在定电流情况下）。

负载电压：动力电池接上负载后处于放电状态下的端电压。

充电终止电压：在规定的恒流充电期间，动力电池达到完全充电时的电压。

放电终止电压：动力电池停止放电时的电压。

6. 电流参数

额定放电电流：额定容量除以规定时间所得到的电流。

7. 相关现象

自放电：动力电池内部自发的或不期望的化学反应造成可用容量自动减少的现象。

内部短路：动力电池内部正极与负极间发生短路的现象。

析气：动力电池在充电过程中产生气体的现象。

热失控：蓄电池在充/放电过程中，电流及温度发生一种累积的互相增强的作用而导致动力电池损坏的现象。

反极：动力电池正常极性发生改变的现象。

漏液：电解液泄漏到动力电池外部的现象。

笔记

笔记

记忆效应：动力电池经过长期浅充放电循环后，进行深放电时，表现出明显的容量损失和放电电压下降，经数次全充/放电循环后，电池特性即可恢复的现象。

过充电：动力电池完全充电后仍延续充电的现象。

过放电：动力电池放电至低于放电终止电压的放电现象。

1.4 制动能量回收系统

1.4.1 概念

制动能量回收是现代电动汽车与混合动力汽车的重要技术之一，也是它们的重要特点。在一般内燃机汽车上，当车辆减速、制动时，车辆的动能通过制动系统而转变为热能，并向大气中释放。而在电动汽车与混合动力汽车上，这种被浪费的动能已可通过制动能量回收技术转变为电能并储存于蓄电池中，并进一步转化为驱动能量。

制动能量回收就是把电动机的无用的、不需要的或有害的惯性转动产生的动能转化为电能，并回馈蓄电池。同时产生制动力矩，使电动机快速停止无用的惯性转动，这个总过程也称为再生制动。

1.4.2 制动能量回收原理

电动汽车正常行驶时，电动机是一个能将电能转化为机械能的装置。而这个转化过程常见的是通过电磁场的能量变化来传递能量和转化能量的，从更直观的力学角度来讲，主要体现为磁场大小的变化。电动机接通电源，产生电流，构建了磁场。交变的电流产生了交变的磁场，当绕组们在物理空间上呈一定角度布置时，将产生圆形旋转磁场。运动是相对的，等于该磁场被其空间作用范围内的导体进行了切割，于是导体两端建立了感应电动势，通过导体本身和连接部件，构成了回路，产生了电流，形成了一个载流导体，该载流导体在旋转磁场中将受到力的作用，这个力最终成为电动机输出扭矩中的力。当电动汽车减速或制动时，即切除电源时，电动机惯性转动，此时通过电路切换，往转子中提供相比而言功率较小的励磁电源，产生磁场，该磁场通过转子的物理旋转，切割定子的绕组，于是定子感应出电动势，也称逆电动势，此时电动机反转，功能与发电机相同，是一个将机械能转化为电能的装置，所产生的电流通过功率变换器接入蓄电池，即为能量回馈，至此制动能量回收过程完成。与此同时转子受力减速，形成制动力，这个总过程合称再生制动。

制动能量回收系统在本书所提及的各类型纯电动环卫车、纯电动客车以及纯电动乘用车上均有应用。

 笔记

1.5 纯电动汽车的电气系统

1.5.1 电气系统组成

电气系统是电动汽车的神经，承担着能量与信息传递的功能，对电动汽车的动力性、经济性、安全性和舒适性等有很大的影响，是电动汽车的重要组成部分。

电动汽车的电气系统主要包括低压电气系统、

笔记

高压电气系统和整车网络化控制系统。高压电气系统主要由动力电池/燃料电池、驱动电机和功率变换器等大功率、高电压电气设备组成，根据车辆行驶的功率需求完成从动力电池或燃料电池到驱动电机的能量变换与传输过程。低压电气系统采用直流12 V或24 V电源，一方面为灯光、雨刷等车辆的常规低压电器供电，另一方面为整车控制器、高压电气设备的控制电路和辅助部件供电。电动汽车各种电气设备的工作统一由整车控制系统协调控制。一般电动汽车电气系统的结构原理如图1-16所示。

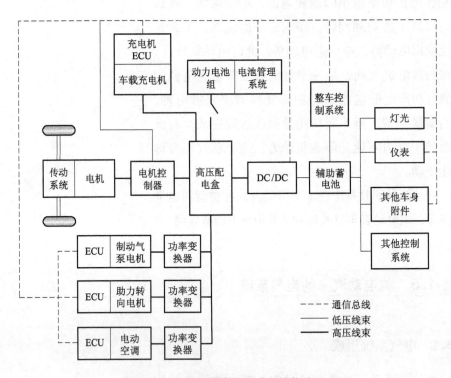

图1-16 电动汽车电气系统结构原理

1.5.2 整车网络化控制系统

电动汽车是一个高度集成的电气化系统，包括

第1章 基本概念

 笔记

驱动电机控制系统、电池管理系统、车载充电系统、电动辅助系统、低压电气系统等各子系统，必须通过一个整车控制系统来进行各子系统的协调控制，从而实现整车的最佳性能。整车控制系统主要包括整车控制器、电机控制器、电池管理系统、混合动力驱动系统中的多能源管理系统、车身控制管理系统、信息显示系统和通信系统等。整车控制器是整车控制系统的核心，承担了数据交换与管理、故障诊断、安全监控、驾驶员意图解释等功能。各系统之间的信息传递通过网络通信系统实现，目前常用的通信协议是 CAN 协议，它具有较好的可靠性、实时性和灵活性。信息显示系统可以实现整车工作状态的实时显示，如车速、电池状态（电压、电流、剩余电量等）、电机状态、故障显示等，方便驾驶员了解车辆的实时状态。

随着对车辆控制要求的不断提高，汽车电子化是大势所趋。电控系统在大大改善汽车性能的同时，也增加了信号采集和数据交换的复杂程度。过去汽车电控系统通常采用点对点的通信方式，将电子控制单元和传感器、执行器连接起来。如果每一个电控系统都独立配置一整套相应的传感器和执行器，那么将有大量的线束和接插件密布于汽车的各个部位，使得整车布线十分复杂，一根线束包裹着几十根导线的现象很普遍，这样不仅会增添汽车生产组装的困难以及汽车重量，而且也会增加售后维修人员对故障诊断、维修的难度，同时复杂的电路也降低了汽车的可靠性。

车载网络系统是基于数据总线技术实现的。数据总线是控制模块间运行数据的通道，即所谓的信息高速公路。数据总线可以实现在一条数据线上传递的信号能被多个系统（控制单元）共享，从而最

笔记

大限度地提高系统整体效率，充分利用有限的资源。这样就能将过去一线一用的专线制改为一线多用制，大大减少了汽车上电线的数目，缩小了线束的直径。

通信协议是指通信双方控制信息交换规则的标准、约定的集合，即指数据在总线上的传输规则。在汽车上要实现各 ECU 之间的通信，必须制定规则，即通信的方法、通信的时间和通信的内容，保证通信双方能相互配合，使通信双方能共同遵守、可接受的一组规则和规定。

电动汽车是由多个子系统构成的复杂系统，控制系统的数量也比同类型的燃油汽车多，其整体性能的发挥和安全可靠性均取决于各个子系统的协同工作。因此，电动汽车更需要采用车载网络系统进行整车信息的通信和数据共享。

图 1-17 所示为电动汽车网络化控制系统。

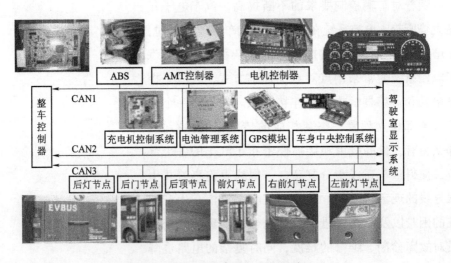

图 1-17　电动汽车网络化控制系统

1.5.3　远程监控

电动汽车远程监控系统可以实现车辆与电池状

第1章 基本概念

 笔记

态的监控以及车辆 GPS 信息监控。车上载有 GPRS 信息终端（图 1-18），有 GPS 定位功能，与远程监控中心实现实时通信。

图 1-18 电动汽车 GPRS 信息终端

远程监控中心（图 1-19）能显示电池的电压及其极值、温度及其极值、SoC 和电流、车辆状态等，并能根据数据信息进行故障的报警；同时还可以实现车辆位置的定位与实时跟踪，并能根据车型进行选择性服务。

图 1-19 电动汽车远程监控中心

笔记

1.5.4 功率变换器

功率变换器可分为直流/直流（DC/DC）变换和直流/交流（DC/AC）变换两类。

DC/DC 是指将一个固定的直流电压变换为可变的直流电压，也称为直流斩波器。这种技术被广泛应用于无轨电车、地铁列车、电动车的无级变速和控制，同时使上述控制获得加速平稳、快速响应的性能，并同时收到节约电能的效果。用直流斩波器代替变阻器可节约电能 20%~30%。直流斩波器不仅能起调压的作用（开关电源），同时还能起到有效地抑制电网侧谐波电流噪声的作用。

DC/DC 变换是将原直流电通过调整其 PWM（占空比）来控制输出的有效电压的大小。DC/DC 转换器又可以分为硬开关和软开关两种。

DC/AC 称为反用换流器，也可称逆变器、变流器、反流器，或称电压转换器，是一个可将直流电变换成交流电的电路。这种技术被广泛应用于不间断电源、电动车辆及轨道交通系统、变频器等。电动汽车中的交流驱动电机 DC/AC 一般集成于电机控制器中。

电动汽车电气系统中的功率变换器是实现电气系统电能变换和传输的重要电气设备。在各种电动汽车中，功率变换器主要实现下列功能：

（1）驱动辅助系统中的交流电机。在小功率（一般低于 5 kW）交流电机驱动的转向、制动等辅助系统中，一般直接采用 DC/AC 变换器供电。

（2）给低压辅助电池充电。在电动汽车中，需要高压电源通过 DC/DC 给辅助电池充电。常见的 DC/DC 类型包括：380 V/24 V、320 V/12 V。

1.5.5 电磁兼容性

 笔记

电磁兼容性（EMC）是指设备或者系统在其电磁环境中能正常工作，而且不对该环境中其他任何事物构成不能承受电磁骚扰的能力。实际上，电磁兼容性包括了两个重要内容：能够抵御环境中的电磁干扰；不对环境造成不能承受的电磁骚扰。

电动汽车中由于应用了高压大功率变换装置和驱动电机，会产生严重的电磁干扰噪声。同时在汽车狭小的环境中增加了更多的高压与低压控制线束，干扰会通过线间耦合或辐射对低压控制系统造成影响。因此，电动汽车的电磁兼容性问题比传统燃油汽车更为复杂和严重，分析电动汽车的电磁环境和电磁兼容性也就成为评价电动汽车设计的重要方面。

1.5.6 高压安全

电动汽车动力系统的一个重要特点就是具有高电压、大电流的动力回路。为了适应电机驱动工作的特性要求并提高效率，高压电气系统的工作电压可以达到 300 V 以上，而且电力传输线路的阻抗很小。高压电气系统的正常工作电流可能达到数十甚至数百安培，瞬时短路放电电流更是成倍增加。高电压和大电流会危及车上乘客的人身安全，同时还会影响低压电气和车辆控制器的正常工作。因此，在设计和规划高压电气系统时不仅应充分满足整车动力驱动要求，还必须确保车辆运行安全、驾乘人员安全和车辆运行环境安全。

根据电动汽车的实际结构和电路特性，设计安全合理的保护措施是确保驾乘人员和车辆设备安全运行的关键。为了保证高压电安全，必须针对高压电防护进行特别的系统规划与设计。国际标准化组

笔记

织和美国、欧洲、日本等都先后发布了若干电动汽车的技术标准，它们对电动汽车的高压电安全及控制制定了较为严格的标准和要求，并规定了高压系统必须具备高压电自动切断装置。其中涉及与电动车安全有关的电气特性有：绝缘特性、漏电流、充电器的过流特性和爬电距离及电气间隙等。

电动汽车的运行情况非常复杂，在运行过程中难免会出现部件间的相互碰撞、摩擦、挤压，这有可能使原本绝缘良好的导线绝缘层出现破损；接线端子与周围金属出现搭接。高压电缆绝缘介质老化或受潮湿环境影响等因素都会导致高电压电路和车辆底盘之间的绝缘性能下降，电源正负极引线将通过绝缘层和底盘构成漏电流回路。当高电压电路和底盘之间发生多点绝缘性能下降时，还会导致漏电回路的热积累效应，可能造成车辆的电气火灾。因此，高压电气系统相对车辆底盘的电气绝缘性能的实时检测也是电动汽车电气安全技术的核心内容。

电动汽车电气安全监测系统需要实时监测整车电气状态信息，如总电压、总电流、正负母线对地电压值、正负母线绝缘电阻值、辅助电压、继电器连接状况等，并通过CAN总线输出测得各部分的状态及数值、输出系统的报警状态和通断指令，从而确保电动汽车的安全运行。

第2章 Chapter 2 电动环卫车结构与原理

2.1 基于福田2 t车底盘的电动环卫车型

笔记

本类底盘包括 HLT5020ZLJEV 纯电动自卸式垃圾车、HLT5022CTYEV 型纯电动桶装垃圾运输车和 HLT5024CTYEV 型纯电动桶装垃圾运输车3 种车型。

2.1.1 整车简介

1. HLT5020ZLJEV 型纯电动高位自卸式垃圾车

HLT5020ZLJEV 型纯电动高位自卸式垃圾车（图2-1）是用于小区、街道、商场等场所垃圾收运专用车。该车是在北汽福田公司生产的 BJ1020EV6 底盘上加装全封闭车厢，两侧各有一个可以打开的侧箱门，用气弹簧支撑，侧箱门开启，用于向车厢内投放垃圾，将后门开启，用于自卸时倾卸垃圾。该底盘每天充电即可工作，具有外形美观、操作简单、工作效率高等特点。而且是电动车，不需要燃油，充分满足环保要求，一次充电可以行驶 100 km 左右，节省后期的运行费用。车型小巧，适合进入胡同等窄小空间作业。

图2-1 HLT5020ZLJEV 型纯电动高位自卸式垃圾车

表2-1 所示为 HLT5020ZLJEV 型纯电动高位自卸式垃圾车的整车参数。

第2章 电动环卫车结构与原理

表2-1 HLT5020ZLJEV 整车参数

项	目	HLT5020ZLJEV
	车辆名称	纯电动高位自卸式垃圾车
	底盘型号	BJ1020EV6
质量/kg	整备质量	1 650
	装载质量（含成员2人）	470
	底盘允许总质量	2 250
	空载轴荷：前轴/后桥	750/900
	满载轴荷：前轴/后桥	910/1 340
尺寸/mm	轴距	2 370
	外廓尺寸：长×宽×高	4 280×1 550×1 860
整车性能	汽车满载接近角/(°)	24
	汽车满载离去角/(°)	28
	最高车速/(km·h^{-1})	90
	最大爬坡度/%	30
	最大制动距离（30 km/h）/m	<10.0
	最小转弯直径/m	11
	最小离地间隙（后桥）/mm	180
	轮胎型号	165R13LT
	箱体容积/m^3	2
专用性能	最大举升角/(°)	45±2
	举升时间/s	≤20
	降落时间/s	≤20
	最大起升高度/mm	600

 笔记

2. HLT5022CTYEV 型纯电动桶装垃圾运输车

HLT5022CTYEV 型纯电动桶装垃圾运输车（图2-2）是根据目前的市场需求开发的用于城市大型宾馆、学校、餐馆、社会厂矿企业、机关团体事业单位、科研院所以及居民家庭分类垃圾的运输车。此车由电动底盘、车厢、液压升降尾板等零部件组成，实现两侧栏杆向下打开、尾板向后打开、升降，方便分类垃圾桶的装卸，提供更加适用于市政环卫垃圾分类桶的运输。

笔记

图2-2 HLT5022CTYEV型纯电动桶装垃圾运输车

承载垃圾桶的车厢底板为长方形，可以摆放两列四排共8个240 L分类收集垃圾桶。实际工作过程中，尾板先旋转，后平放于地面上。人工将垃圾桶（重桶）推到尾板平面上，然后利用液压系统将尾板和桶一起平稳举升到与车厢底板平齐，再人工推入车厢内即可完成重桶装载过程。尾板再向上旋转后挡在最后端，空桶可以从侧面打开栏板后直接取下。

表2-2所示为HLT5022CTYEV型纯电动桶装垃圾运输车的整车参数。

表2-2 HLT5022CTYEV整车参数

项	目	HLT5022CTYEV
	车辆名称	纯电动桶装垃圾运输车
	底盘型号	BJ1020EV9
质量/kg	整备质量	1 690
	装载质量（含成员2人）	430
	底盘允许总质量	2 250
	空载轴荷：前轴/后桥	760/930
	满载轴荷：前轴/后桥	910/1 340

第2章 电动环卫车结构与原理

续表

项　　目		HLT5022CTYEV
尺寸/mm	轴距	2 500
	外廓尺寸：长×宽×高	4 920×1 610×1 810
整车性能	汽车满载接近角/(°)	24
	汽车满载离去角/(°)	12
	最高车速/(km·h^{-1})	90
	最大爬坡度/%	30
	最大制动距离（30 km/h）/m	<10.0
	最小转弯直径/m	11
	最小离地间隙（后桥）/mm	180
	轮胎型号	165R13LT
使用性能	举升装置举升时间/s	≤20
	举生装置开门时间/s	≤18
	举升装置关门时间/s	≤20
	举升机构	工作中停 5 min，液压缸的伸缩量不大于 10 mm
	举升重量/kg	≥500
	液压系统压力/MPa	18

3. HLT5024CTYEV 型纯电动桶装垃圾运输车

HLT5024CTYEV 型纯电动桶装垃圾运输车（图 2-3）是根据目前的市场需求开发的用于城市大型宾馆、学校、餐馆、社会厂矿企业、机关团体事业单位、科研院所以及居民家庭分类垃圾的运输车。由电动底盘、翼展式厢体、车辆下舱、液压升降尾板以及气支撑、锁止杆、汽车门锁、搭扣锁等零部件组成，实现两侧翼展板向两侧展开，尾板向后打开、升降方便分类垃圾桶的装卸，提供更加适用于市政环卫垃圾分类桶的运输。

 笔记

笔记

图 2-3　HLT5024CTYEV 型纯电动桶装垃圾运输车

承载垃圾桶的车厢底板为长方形，可以摆放两列四排共 8 个 240 L 分类收集垃圾桶。实际工作过程中，尾板先旋转，后平放于地面上。人工将垃圾桶（重桶）推到尾板平面上，然后利用液压系统将尾板和桶一起平稳举升到与车厢底板平齐，再人工推入车厢内即可完成重桶装载过程。尾板再旋转后挡在最后端，空桶可以从侧面打开翼展板后直接取下。

如表 2-3 所示为 HLT5024CTYEV 型电动桶装垃圾运输车的整车参数。

表 2-3　HLT5024CTYEV 整车参数

项　目		HLT5024CTYEV
车辆名称		纯电动桶装垃圾运输车
底盘型号		BJ1020EV9
质量/kg	整备质量	1 710
	装载质量（含成员 2 人）	410
	底盘允许总质量	2 250
	空载轴荷：前轴/后桥	770/940
	满载轴荷：前轴/后桥	910/1 340
尺寸/mm	轴距	2 500
	外廓尺寸：长×宽×高	4 920×1 530×2 100

第2章 电动环卫车结构与原理

续表

项 目		HLT5024CTYEV
整车性能	汽车满载接近角/(°)	24
	汽车满载离去角/(°)	12
	最高车速/(km·h^{-1})	90
	最大爬坡度/%	30
	最大制动距离（30 km/h)/m	<10.0
	最小转弯直径/m	11
	最小离地间隙（后桥）/mm	180
	轮胎型号	165R13LT
使用性能	举升装置举升时间/s	≤20
	举升装置开门时间/s	≤18
	举升装置关门时间/s	≤20
	举升机构	工作中停5 min，液压缸的伸缩量不大于10 mm
	举升重量/kg	≥500
	液压系统压力/MPa	18

4. 底盘系统构型

图2-4为2 t型纯电动环卫车的底盘系统构型，纯电动汽车主要由驱动控制系统、电池系统、底盘、车身及电气系统组成。

笔记

驱动控制系统是电动汽车的心脏，其任务是在驾驶员控制下，高效地将蓄电池的能量转化为车轮的动能，驱动汽车前进。驱动控制系统主要由电机和电机控制器组成，电机与电池之间的能量流动通过控制器调节，电机与车轮通过机械传动装置连在一起。驱动控制系统采用永磁同步电机以及与其相配套的电机控制器来运行。

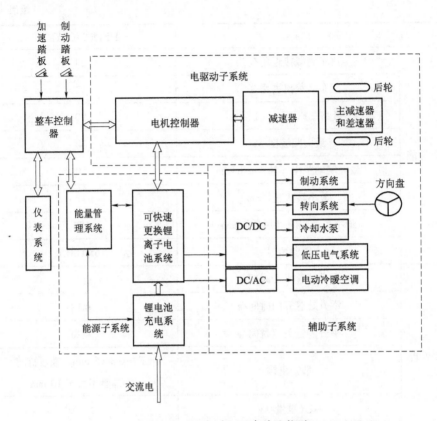

图2-4 2t电动环卫车系统构型

 笔记

　　底盘包括传动行驶系、转向系、制动系、悬架和前桥等,其中行驶系又主要由减速器、传动轴、后桥和车轮等组成。底盘的主要功能是支撑整车的质量,将电机发出的动力传给驱动车轮,同时还要传递和承受路面作用于车轮的各种力和力矩,并缓和冲击、吸收振动,以保证汽车的舒适性,能够比较轻便和灵活地完成整车的转向和制动等操作。

　　电池系统作为整车的动力源,主要功能是为驱动控制系统提供电能,并用周期性的充电来补充能量。动力电池组作为电动汽车的关键装备,它的质量和体积以及储存的能量对电动汽车的性能起决定性的作用。该车采用锰酸锂电池或者磷酸铁锂电池作为整车的动力源。

电气系统包括低压电气系统和高压电气系统两部分。动力电池组输出的高压直流电通过电机控制器驱动电机运转，同时还向空调系统提供电能，这构成了整车的高压电气系统；动力电池组通过DC/DC变换器将高压直流电转换为低压直流电，为转向系统、制动系统、冷却系统、仪表、照明、控制系统和车身附件提供电能，并给辅助蓄电池充电，这构成了整车的低压电气系统。

 笔记

5. 高压原理

2 t 纯电动环卫车的高压原理如图2-5所示。整车由两箱锂离子动力负责提供能源，任意一箱内部均串联有快速熔断器，对电池组起到保护作用。整车由负极接触器负责整个高压电路的分断和闭合，当负极接触器打开时，DC/DC变换器开始工作，为整车提供12 V低压电源。充电由充电继电器进行控制，当充电继电器闭合时，方可进行整车充电或车载充电。当负极接触器闭合时，空调和暖风也可以工作，暖风为PTC加热工作形式。在正极接触器和

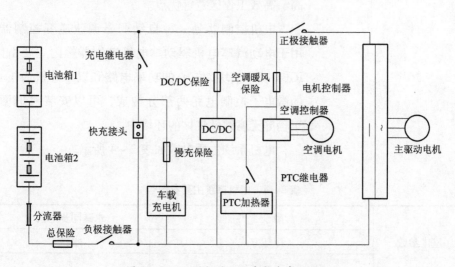

图2-5　2 t型电动环卫车整车高压原理

笔记

负极接触器都闭合的情况下,主驱动电机控制器方能上高压电,驱动电机运转。整车高压部件均有快速熔断器或者断路器进行保护。所有接触器、继电器、保险集成到高压配电箱中,由整车控制器通过BMS统一进行控制。

2.1.2 关键部件介绍

1. 电机及控制器

驱动电机和控制器必须配套使用,电机控制器将动力电池组输入的直流电压变为可调的交流电压和电流,驱动电动机运转。当控制器收到向前/向后指令和加速踏板或制动踏板给出的牵引/制动信号后,便能根据踏板信号实现电机的驱动力矩控制,实现电动汽车的驱动或制动。如果控制器同时收到加速踏板和制动踏板给出的信号,则以制动信号优先,实现制动功能。

2 t 型纯电动环卫车的驱动电机为三相水冷永磁同步电机,具有散热均匀、冷却效果好、体积小、重量轻、过载能力强、运行可靠、调速方便、效率高、高效工作区宽等优点。

电机控制器是一种自动弱磁调速逆变控制器,用于电动汽车电机驱动。电机控制器箱内主要由以IGBT功率模块为核心的功率电路和以单片机为核心的微电子控制电路两部分构成,可以安装在地面、车辆等无腐蚀性气体的环境中。

电机系统主要参数如表 2-4 所示。

表 2-4 电机系统主要参数

	型 式	永磁同步电机
基本参数	冷却方式	水冷
	绝缘等级	F

续表

基本参数	防护等级	IP54
	最大转速/(r·min^{-1})	8 000
	重量/kg	55
	外形尺寸/mm	$\Phi245 \times 330$
额定工况 (2 h 以上)	额定功率/kW	30
	额定转矩/N·m	96
	额定转速/(r·min^{-1})	3 000
	额定效率(包括控制器)/%	≥93
峰值工况 (60 s)	峰值功率/kW	60
	峰值转矩/N·m	200
	峰值电枢电流/A	250
环境条件	温度范围/℃	-25~40
	湿度	最湿月月平均最大相对湿度<90%

在电机和控制器的使用过程中,必须严格遵守以下注意事项。

 笔记

(1)电机和控制器装车后,不要触摸电机和控制器的高压连接端。

(2)电机控制器装车后,不要打开电机控制器箱盖,以免发生触电现象。

(3)专业维修人员需要卸下电机或电机控制器进行维护时,需首先断开车上的高压总开关(俗称大闸),然后使用电压表测量电机控制器" + V"" - V"端之间的电压,在确保之间的电压低于36 V时,才可以进行断开这些端子上的高压连线操作。

(4)行车时,严禁转动"前进—空挡—倒车"旋钮,"前进—空挡—倒车"旋钮只能在车辆停稳后才允许操作。

(5)装有该型号电机及其控制器的电动车辆出

现故障,被拖车拖走维修时必须保证该电动车辆挡位处于物理空挡位置,实现电机轴伸与变速箱输入的物理连接脱离,避免电机高压发电造成系统损坏以及出现安全事故。

2. 电池系统

2 t 型纯电动环卫车采用锰酸锂和磷酸铁锂动力电池,如图2-6所示。根据整车总布置的要求,配备了384 V/60 A·h的电池系统。电池系统由2个电池箱串联组成。每个电池箱配有磷酸铁锂电池单元60串或锰酸锂电池单元52个,单箱电压192 V、电量60 A·h。电池系统总能量为23 kW·h。

图2-6　2 t电动环卫车动力电池总成

动力电池系统采用内外箱的复合机构,以方便进行电池的快换。电池外箱(固定车上,如图2-7所示)应包括外箱体、机械锁、高压极柱、低压极柱、通信极柱、极柱保护套、定位销。另外,底盘上所有滚轮槽内均安装滚轮。

图2-7　2 t电动环卫车动力电池外箱

电池内箱(安装电池且可以更换,如图2-8所示）应包括内箱体、电池组、温度传感器、高压极柱插座、低压极柱、通信极柱、电池管理系统。

笔记

图 2-8 2 t 电动环卫车动力电池内箱

内外箱之间使用 6 个快换连接电接头，其中，两个为主电连接，两个为低压电连接，两个为 CAN 通信连接，电连接头与箱体之间采用浮动连接，保证车辆在颠簸时也能有可靠的连接。

电池箱手动操作说明如下。

1）手动锁止

锁止时，将内箱对准外箱口顺定位滑道推入，接近于锁止位时用力迅速推入则自然锁止，如图 2-9 所示。

图 2-9 电池箱手动锁止图示

然后，插上锁止保护装置安全销，如图 2-10 所示。

2）手动开启

开启时，拔出锁止保护装置安全销，如图 2-11 所示。

笔记

图 2-10 锁止安全销

图 2-11 开启安全销

然后,双手同时握住锁柄向外拉开至内箱自然弹启,顺滑道拖出,如图 2-12 所示。

图 2-12 电池箱手动开启图示

动力电池系统需要有电池管理系统(BMS)在车辆运行过程中和充电过程中对电池状态进行实时监控和故障诊断,并通过总线的方式告知车辆控制器或充电机,以保证车辆高效安全的使用电池。

笔记

电池管理系统(BMS)对整车的安全运行、整车控制策略的选择、充电模式的选择以及运营成本都有很大的影响。电池管理系统无论在车辆运行过程中还是在充电过程中都要可靠地完成电池状态的实时监控和故障诊断,并通过总线的方式告知车辆集成控制器或充电机,以便采用更加合理的控制策略,达到有效且高效使用电池的目的。

电池管理系统的功能如下。

(1) 单体电池电压的检测。

(2) 电池温度的检测。

(3) 电池组工作电流的检测。

(4) 绝缘电阻检测。

(5) 冷却风机控制。

(6) 电池组 SoC 的估测。

(7) 电池故障分析与在线报警。

(8) 各箱电池充放电次数记录。

3. 仪表与显示

1) 仪表。

2 t 电动环卫车仪表如图 2-13 所示。

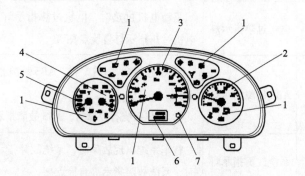

图 2-13 2 t 车仪表示意图

1—指示灯和警告灯盘;2—电流表;3—车速表;4—SoC 表;
5—电压表;6—液晶显示屏;7—复位切换按钮

2 t 电动环卫车仪表中各指示灯名称如表 2-5 所示。

表 2-5 指示灯说明

指示灯	功能	说 明
≡▶	远光指示灯	将大灯转换为远光时,远光指示灯就会点亮,表明大灯在远光位置正常工作
Ⓟ	驻车制动指示灯	当驻车制动手柄拉起时,驻车制动指示灯点亮;启动时,驻车制动指示灯自检点亮
⚡	绝缘报警指示灯	当出现动力系统绝缘故障时,绝缘报警指示灯点亮;启动时,绝缘报警指示灯自检点亮
▶≡	后雾灯指示灯	当后雾灯开关接通时,后雾灯指示灯及后雾灯点亮
ⓇЭ	倒车指示灯	当换挡机构位于倒挡位置时,该指示灯点亮,同时倒车灯点亮,倒车蜂鸣器鸣响,以引起周围车辆及行人的注意
≡▶	前雾灯指示灯	当前雾灯开关接通时,前雾灯指示灯及前雾灯点亮
🔋	驱动电机工作指示灯	当驱动电机工作时,驱动电机工作指示灯点亮;启动时,驱动电机工作指示灯自检点亮
🔋	电机过热指示灯	驱动电机过热时,电机过热指示灯点亮;启动时,电机过热指示灯自检点亮
(ABS)	ABS 故障指示灯	① 钥匙打到"ON"挡,ABS 故障指示灯进行自检点亮 ② ABS 系统有故障时,ABS 故障指示灯常亮
🚗	系统故障指示灯	整车系统出现故障时,系统故障指示灯点亮;启动时,系统故障指示灯自检点亮
CAN	CAN 故障指示灯	接收 CAN 总线信号故障时,CAN 指示灯点亮;启动时,CAN 指示灯自检点亮

第2章 电动环卫车结构与原理

续表

指示灯	功能	说明
(电池图标)	电压低报警灯	低压电系统低压低于12.5 V时，电压低报警灯点亮；启动时，电压低报警灯自检点亮；充电后，电压低报警灯熄灭
SOC	动力电池容量低报警灯	SoC低于25%时，SoC指示灯点亮；启动时，SoC指示灯自检点亮。当车辆行驶时，如果该指示灯点亮，应到最近的充电站充电，请不要继续行驶
←→	转向信号指示灯	① 危险报警开关打开，则左右转向灯均闪烁；危险警告灯开关再次按压，危险报警闪烁关闭 ② 左或右转向灯开关打开，相应左侧或右侧转向灯警告；当您的车辆成为交通危险障碍时，请使用危险警告灯以引起其他驾驶员的注意
(高压闸图标)	高压闸断开指示灯	高压闸断开时，高压闸断开指示灯点亮；启动时，高压闸断开指示灯自检点亮
D	前进挡位指示灯	根据挡位变化，相应的指示灯点亮。D为前进挡指示
N	空挡位指示灯	根据挡位变化，相应的指示灯点亮。N为空挡指示
R	倒挡位指示灯	根据挡位变化，相应的指示灯点亮。R为倒车挡指示
(!)	制动故障指示灯	当制动故障时，制动故障指示灯点亮；启动时，制动故障指示灯自检点亮
(真空图标)	真空度报警指示灯	制动真空阻力过低时，真空阻力指示灯点亮，同时蜂鸣器报警
(安全带图标)	安全带指示灯	此灯用来提示驾驶员扣好座位安全带。一旦点火钥匙被转到"ON"的位置，如果驾驶员没有扣好安全带，此灯亮起，直至驾驶员扣好安全带

续表

指示灯	功能	说 明
🚗	车门未关报警灯	车门未关时，车门未关报警灯点亮
🔌	充电插头插入指示灯	充电插头接入工作时，充电插头接入指示灯点亮；启动时，充电插头接入指示灯自检点亮
🔋!	动力电池故障指示灯	当动力电池出现故障时，动力电池故障报警指示灯点亮；启动时，动力电池故障报警灯自检点亮
EPS	EPS故障指示灯	电动助力转向出现故障时，EPS故障指示灯点亮
⛽	充电指示灯	在充电时，充电指示灯点亮；启动时，充电指示灯自检点亮
READY	系统准备完毕指示灯	系统准备完毕时，系统准备完毕指示灯点亮；启动时，系统准备完毕指示灯自检点亮

 笔记

2）触摸显示屏

触摸显示屏显示终端含5个页面，分别是：主页面、电机、状态栏、信息栏、单体电池页。

（1）主页面。主页面显示信息：电压表、电流表、挡位、SoC、单体最高和最低电压、单体最高温度等。主页面操作说明：系统启动后默认显示"主页面"，当处于其他页面时（除"单体电池"页外），点击按钮"主页面"，即返回至主页面。在"单体电池"页面时，需要先点击"返回"退出单体电池页面，再进入主页面。

（2）电机页面。电机页面（图2-14）显示信息：电机转矩、转速、电机温度、电机控制器温度、电机工作电流等。电机页面操作说明：点击按钮

"电机"进入电机页面(如在"单体电池"页时,需先点击"返回",退出单体电池显示,再进入电机页面)。

笔记

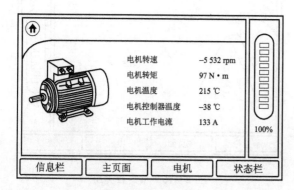

图2-14 电机页面

(3)状态栏页面。状态栏图(图2-15)显示信息:加速百分比、制动百分比、主电机状态、备份电机状态、水泵状态等。状态栏操作说明:点击按钮"状态栏"进入状态栏页面(如在"单体电池"页面时,需先点击"返回",退出单体电池显示,再进入状态栏)。

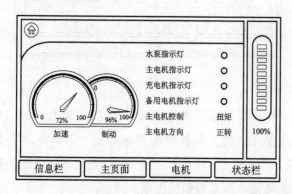

图2-15 状态栏页面

(4)信息栏页面。信息栏(图2-16)显示信息:显示系统的详细警告及故障信息等。信息栏操作说明:点击按钮"信息栏"进入信息栏页面(如

笔记

在"单体电池"页面时,需先点击"返回",退出单体电池显示,再进入信息栏)。

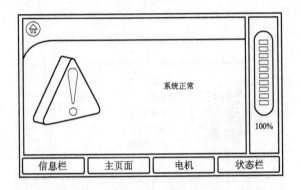

图 2-16 信息栏页面

(5)单体电池页面。单体电池页面(图 2-17)显示信息:显示电池箱包的单体电压、箱包温度等。

单体电池									第一箱第一页	
	电压(V)		电压(V)		电压(V)		电压(V)		电压(V)	
01	3.33	09	3.33	17	3.33	25	3.33	33	3.33	
02	3.33	10	3.33	18	3.33	26	3.33	34	3.33	
03	3.33	11	3.33	19	3.33	27	3.33	35	3.33	
04	3.33	12	3.33	20	3.33	28	3.33	36	3.33	
05	3.33	13	3.33	21	3.33	29	3.33	37	3.33	
06	3.33	14	3.33	22	3.33	30	3.33	38	3.33	
07	3.33	15	3.33	23	3.33	31	3.33	39	3.33	
08	3.33	16	3.33	24	3.33	32	3.33	40	3.33	
上一页				下一页				返回		

图 2-17 单体电池页面

单体电池页面操作说明:点击页面右侧的 SoC 电量显示,进入单体电池页面。在"单体电池"页面,可点击"上一页""下一页"查看单体电池的箱包、电池电压及箱包的温度。

(6)液晶屏使用注意事项:

① 请不要在驾驶车辆时观看屏幕或进行操作。

② 请勿将异物塞入本机面板。

③ 如果发生了异常情况,请立即关机,停止使

用,并与当地服务商联系。

④ 如果液晶面板意外破裂,请不要接触面板内部的液体。

⑤ 请不要在车辆引擎停止时或非充电状态下长时间实用本机,以免耗尽车辆蓄电池电量。

⑥ 请不要将本机放置在阳光直射或者温度过高的地方。

4. 辅助电源

辅助电源由 DC/DC 变换器和低压辅助蓄电池组成。图 2-18 所示为 2 t 电动环卫车所使用的 DC/DC 变换器。

图 2-18　2 t 电动环卫车 DC/DC 变换器

DC/DC 变换器将 384 V 高压直流电转换为 12 V 低压直流电,为转向、制动、仪表、照明、控制系统和车身附件提供电能,并给低压辅助蓄电池充电,DC/DC 功率为 1 200 W。低压辅助蓄电池与 DC/DC 变换器并联,电池常处在浮充电状态。

5. 空调系统

2 t 电动环卫车空调机组对原车空调进行压缩机动力改造,结构上仍为分散布置。空调的压缩机控

笔记

制器可通过 CAN 模块可以与整车控制器进行通信，将空调系统处于整车控制系统之中。

空调机组由制冷部分、压缩机控制器（图 2-19）、制热部分（图 2-20）组成。

图 2-19　空调压缩机与控制器

图 2-20　空调 PTC 加热器

1）制冷部分

制冷系统：使用原车配置的空调蒸发器、冷凝器、蒸发风机及冷凝风机管道；使用卧式全封闭交流异步电动压缩机。

第2章 电动环卫车结构与原理

2)制热部分

制热系统:用 PTC 电加热器取代热水散热器,执行制热功能。

3)压缩机驱动器

该驱动器专门设计用于华强 HQ2V-27H 压缩机,具有过压、欠压、过流、短路、缺相和 IGBT 模块温度保护等多种保护功能。

空调性能参数如表 2-6 所示。

 笔记

表 2-6 空调参数

空调形式	电动冷暖空调,分散布置
制冷量/kW	3.95
制热量/kW	2.0%~10%(PTC 电加热)
送风量/(m³·h⁻¹)	350
冷凝风量/(m³·h⁻¹)	1 800
制冷剂	HFC134a
润滑油	POE68/100 ml
工作主电源	DC 384 V(范围:DC 260~420 V)
控制电源	DC 12 V(DC 8~16 V)
压缩机电源	三相交流变频
压缩机功率/kW	2.63
车厢内温度调节范围/℃	10~30
噪声/dB	≤70

6. 转向与制动

2 t 电动环卫车转向系统采用电动助力转向(EPS),其工作原理如图 2-21 所示。

如图 2-21 所示,转矩传感器检测作用在输入轴的力矩,ECU 根据车速传感器和转矩传感器的信

笔记

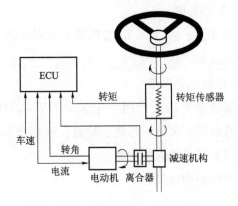

图 2-21 电动助力转向工作原理

号控制电动机的旋转方向和助力电流的大小,电动机的力矩通过减速机构作用到小齿轮上,实现助力转向。

电动助力转向系统与传统液压动力转向相比,具有以下优点。

(1) 改善电动汽车的转向助力特性,提高其轻便性和安全性。

(2) 只在转向时电动机才提供助力,减少能量消耗。

(3) 零件少,质量更轻、结构更紧凑,能降低噪声。

(4) 没有液压回路,更易调整和检测。

(5) 不存在渗油问题,降低保修成本,减少污染。

(6) 具有更好的低温工作性能。

制动采用真空助力方式,使用 12 V DC 的电动真空泵,如图 2-22 所示。真空泵间歇性工作,整车控制器接收真空度信号,控制真空泵启停。

该真空助力装置所使用的电动真空泵的技术参数为:

额定电压: 12 V;

笔记

图 2-22 用于制动系统的电动真空泵

工作电压：6~16 V；
额定电流：7~8 A；
工作温度范围：-40 ℃ ~ +120 ℃；
寿命：>500 h。

2.1.3 整车控制器与控制策略

1. 整车控制器

2 t 电动环卫车整车控制器（图 2-23）作为整车的核心部件，其主要功能有以下几个方面。

图 2-23 整车控制器

（1）整车网络管理：作为全车 2 路 CAN 总线的

笔记

网关，进行信息的交互，实现整车信息共享。

（2）整车故障诊断：监控网络上的全部控制器节点，实现上电自检，进行故障诊断，并通过仪表进行报警。

（3）高压控制功能：接收到司机命令后根据整车状态进行高压的接通，同时可以断开高压，并采集相应状态信息送仪表显示。

（4）能量管理：根据整车动力能量给驱动电机发送驱动命令和行驶模式的切换，合理使用动力电池。

（5）冷却风扇控制：通过接收总线上冷却温度的变化进行风扇的智能控制。

（6）上装控制器电源：根据司机命令提供上装控制器工作电源，并对所提供的电源进行诊断和保护。

整车控制器的性能指标如表2-7所示。

表2-7 整车控制器性能指标

电 压	额定工作电压 DC 12，电压波动 ±4 V
工作温度范围/℃	-20~85
功耗/mA	<100
总线通信	物理层为 CAN2.0-B，自定义应用层协议
总线波特率/(kbit·s^{-1})	CAN1：250　CAN2：250
系统启动时间/s	<10
工作环境温度/℃	-30~+65
储存环境温度/℃	-40~+75
工作环境湿度/%	≤75

2. 控制策略

整车控制策略以整车控制器为载体，通过 CAN

总线通信网络实现对各个部件的协调控制。图 2-24 所示为整车控制策略主流程。

笔记

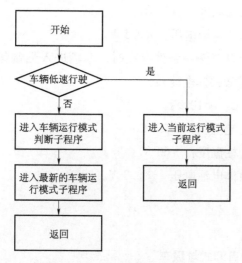

图 2-24　整车控制主流程图

整车控制策略主要包括以下 3 个部分。

1）车辆运行模式的识别

车辆模式识别子模块功能：通过采集驾驶员选择的挡位信号和模式信号，判断车辆需要进入的运行模式。

2）根据整车状态对踏板信号进行解析

整车控制首先判断整车的状态，在所有部件都处于正常状态时，且相关的安全操作都进行以后，整车控制器会根据踏板信号和运行模式命令来控制电机进行相应的运转。

3）电池状态判断及充放电允许功率的计算

电池状态判断及充放电功率计算子模块可以自动识别电池类型以及根据电池当前的参数判断电池状态，并计算电池所允许的最大充放电功率，用做整车控制的重要参数。

当以下任一条件存在时，车辆进入强制低速模式（磷酸铁锂电池）：

笔记

SoC：<25%；

电池温度：>48 ℃；

极柱温度：>52 ℃；

单体电池电压：<2.5 V。

当以下任一条件存在时，车辆进入强制停车模式（磷酸铁锂电池）：

SoC：<10%；

电池温度：>55 ℃；

极柱温度：>60 ℃；

单体电池电压：<2.3 V。

2.1.4 上装的操作

1. HLT5020ZLJEV 型纯电动自卸式垃圾车

HLT5020ZLJEV 型纯电动自卸式垃圾车的上装操作如表 2-8 所示。

表 2-8 HLT5020ZLJEV 上装操作

垃圾装填	车辆行驶到垃圾收集场所后，拉紧手刹，关闭车辆钥匙门。打开车厢侧门，从两个侧门将垃圾直接投入到车厢内，装满后，将侧门关闭 注意：两个侧门上有气弹簧结构，关闭时不要伤手
垃圾倾倒	将装满垃圾的车辆行驶到运输终点后，将尾部后门打开。起升车厢，垃圾全部倾倒后，将车厢回落到位，一定要再次按动液压电源接通按钮（红色）断开液压系统电源，然后将后门关闭即可行车 如需在任意高度倾卸垃圾时，则通过简支机构调整车厢高度，在高度匹配后，打开后门，通过车厢自卸控制按钮倾卸垃圾
注意事项	1. 在未确认车厢后门打开时，严禁倾卸垃圾； 2. 举升作业时，车辆必须处于水平位置，以免倾卸过度而出意外事故； 3. 车辆举升和下降时，车辆下严禁站人； 4. 在车厢处于举升状态下进行车辆检修作业时，一定要将车厢与大梁用支架支好，方可进行； 5. 此车每次充电需要 3~4 h，充电过程中最好不要断电，否则会影响电池寿命。本车慢充时，220 V 家用空调插口即可（16 A），约 4 h。电池充电过程中充电器会有灯光提示，注意观察，如有异常断电后与专业人员联系。非专业人员不可私自拆开充电器。电池正常损耗或出现异常不能使用时，请联系专业人员上门更换，禁止私自更换其他品牌电池

第2章 电动环卫车结构与原理

2. HLT5022CTYEV 型纯电动桶装垃圾运输车

HLT5022CTYEV 型纯电动桶装垃圾运输车的上装操作如表 2-9 所示。

表 2-9 HLT5022CTYEV 上装操作

栏杆打开	两侧栏杆打开实现空桶的卸车。先打开扣锁,然后用手拉开车厢栏杆,两侧栏杆向下旋转到静置位置
栏杆关闭	卸车完成后,将栏杆向上旋转,到与前后立柱平齐位置,扣上锁扣
电池仓打开	使用随车配备的专用钥匙,将电池仓门上的锁打开(插入钥匙,沿插入方向按下,然后旋转钥匙),向外拉动电池仓门,随后气弹簧会将仓门自动弹开到适宜位置,然后进行更换电池或维修工作
电池仓关闭	向下按动电池仓门,到完全关闭位置,气弹簧实现锁紧力,使用随车配备专用钥匙(方法同打开),锁上仓门
注意事项	1. 车辆及设备必须由专人经培训后进行操作和维护; 2. 车辆在行进前必须确保收好尾板、两侧栏杆及下舱门处于闭锁锁紧状态; 3. 此车每次充电需要 3~4 h,充电过程中最好不要断电,否则会影响电池寿命。本车慢充时,采用 220 V 家用空调插口即可(16 A),约 4 h。电池充电过程中充电器会有灯光提示,注意观察,如有异常断电后与专业人员联系。非专业人员不可私自拆开充电器。电池正常损耗或出现异常不能使用时,请联系专业人员上门更换,禁止私自更换其他品牌电池

3. HLT5024CTYEV 型纯电动桶装垃圾运输车

HLT5024CTYEV 型纯电动桶装垃圾运输车的上装操作如表 2-10 所示。

表 2-10 HLT5024CTYEV 上装操作

打开状态	两侧翼展板打开实现空桶的卸车,先打开搭扣锁(按下搭扣锁锁止片、上掀搭扣锁锁把);然后用手拉开汽车门锁锁柄,拉动锁柄后,轻轻掀动翼展板,当翼展板打开一定角度后,翼展板将自动张开,直到锁止杆完全展开。两侧翼展板在气支撑的驱动下展开,同时锁止杆支完全伸直处于锁定状态(不能弯曲),在锁止杆的作用下翼展板始终处于开起状态,即使气支撑失效翼展板也不会落下,确保工人作业时的安全 注意:确认锁止杆处于锁定状态方可进行作业

续表

关闭状态	卸车完成后，延锁止杆方向拉动锁止杆上的拉带，锁止杆滑杆下滑解除锁定状态，锁止杆铰链弯曲，使翼展下行到工人能触及的位置，工人松开拉带双手关闭翼展板，汽车门锁落锁，然后扣上搭扣锁，搭扣锁锁止片弹出保持自锁状态（确认自锁状态后方可行进），确保翼展门不会自己弹开，以致造成危险及装载垃圾泄漏遗洒
注意事项	1. 车辆及设备必须由专人经培训后进行操作和维护； 2. 车辆在行进前必须确保收好尾板、两侧翼展门及下舱门处于闭锁锁紧状态、搭扣锁锁紧并处于自锁状态； 3. 此车每次充电需要3~4 h，充电过程中最好不要断电，否则会影响电池寿命。本车慢充时，采用220 V家用空调插口即可（16 A），约4 h。电池充电过程中充电器会有灯光提示，注意观察，如有异常断电后与技术人员联系。非专业人员不可私自拆开充电器。电池正常损耗或出现异常不能使用时，请联系技术人员上门更换，禁止私自更换其他品牌电池

2.2 基于福田8 t车底盘的电动环卫车型

笔记

2.2.1 整车简介

本类底盘的车包括HLT5074ZYSEV纯电动压缩式垃圾车、HLT5071ZZZEV餐厨垃圾收集车、HLT5071ZZZEV餐厨垃圾收集车、ZLJ5071TSL电动扫路车4种车型。

1. HLT5074ZYSEV纯电动压缩式垃圾车

HLT5074ZYSEV纯电动压缩式垃圾车（图2-25）是用于垃圾收集运输的专用车辆。该产品采用纯电动汽车底盘、车厢、液压升降尾板等零部件组成，具有零排放、低噪声、低油耗的优点。此车采用逻辑控制器实现车辆专用部分的自动控制；采用手电双控的液压阀控制液压驱动。自动化程度高，使用可靠。同时，该车设置了紧急停止装置、防止后门

第2章 电动环卫车结构与原理

下降互锁开关、后门安全支杆等安全装置，保证作业、检修和清洗车辆时的安全。

笔记

图 2-25 HLT5074ZYSEV 纯电动压缩式垃圾车

HLT5074ZYSEV 纯电动压缩式垃圾车的具体整车参数如表 2-11 所示。

表 2-11 HLT5074ZYSEV 整车参数

车辆型号	HLT5074ZYSEV
最高车速/(km·h^{-1})	80
额定载质量/kg	1 835
整备质量/kg	5 530
最大总质量/kg	7 495
车辆外形尺寸/mm	6 500×2 070×2 400
轴距/mm	3 360
前悬/后悬/mm	1 085/2 055
填装作业时间/s	≤30
卸料作业时间/s	≤30
压缩车厢容积/m^3	5
液压系统工作压力/MPa	17.5
轮胎规格	7.50R16

2. HLT071ZZZEV 型餐厨垃圾收集车

图 2-26 所示为 HLT5071ZZZEV 餐厨垃圾收集车，它是一种专供环卫作业的装用车辆。本车是在纯电动底盘的基础上制造的改装车，其专用上装部分可以完成餐厨垃圾的自动装卸功能。该车专用上

笔记

装采用液压驱动、电控操作，工作人员只需开启按钮即可控制垃圾的装填和卸料，还可以实现对内部垃圾压缩以提高装运效率。其上装的储运结构密封、无遗撒、无异味。此车电控液压系统装卸效率高，工作可靠，并设有互锁结构，解除了误操作问题，备用手动操作阀在电控发生故障时可以应急使用，提高了可靠性。

图 2-26　HLT5071ZZZEV 餐厨垃圾收集车

HLT5071ZZZEV 餐厨垃圾收集车的具体整车参数如表 2-12 所示。

表 2-12　HLT071ZZZEV 整车参数

车辆型号	HLT071ZZZEV 型餐厨垃圾收集车
底盘型号	BJ1071VDE0A 二类底盘
最大续航里程/km	150
轴距/mm	3 360
车辆外型尺寸（长×宽×高）/mm	5 720 × 2 020 × 2 390
最高车速/(km·h^{-1})	80
整备质量/kg	5 400
装载质量/kg	1 965
底盘最大总质量/kg	7 495
核定载客人数/人	3
最小转弯直径/m	14

第2章 电动环卫车结构与原理

续表

车辆型号	HLT071ZZZEV 型餐厨垃圾收集车
最小离地间隙/mm	190
接近角/离去角/(°)	23/19
箱体容积/m³	4
污水箱容积/m³	0.38
操纵方式	配备电机功率输出自动装置,电机功率输出及转速控制可通过电气系统实现自动加速
后门锁紧方式	液压自动锁紧系统,锁钩式可补偿自动锁紧系统
液压系统特点	液压回路设计合理、系统内部热损耗小,在连续工作条件下,液压油箱中的油温不超过 70 ℃。具有工作效率高、作业循环时间短、操作简单等优点,且工作可靠、故障率低
垃圾桶提升装置	按用户要求安装落地翻斗机构。驾驶室和车位分别安装作业控制盒

3. ZLJ5071TSL 电动扫路车

ZLJ5071TSL 电动扫路车(图 2-27)用于垃圾清扫的专用车辆。该产品采用纯电动汽车底盘、风机电机、液压系统、吸嘴和垃圾箱等零部件组成,具有零排放、低噪声的优点,且自动化程度高,使用可靠。

 笔记

图 2-27 ZLJ5071TSL 电动扫路车

ZLJ5071TSL 电动扫路车的具体整车参数见表 2-13。

表2-13 ZLJ5071TSL整车参数

整车型号	ZLJ5071TSL 电动扫路车
底盘型号	BJ1071VDE0A-1 纯电动汽车底盘
最大总质量/kg	7 495
动力电池容量	384 V/200 A·h 快换锂离子动力电池组
主驱动电机功率/kW	60/110
风机电机功率	28 kW/2 900 rpm①
最高车速/(km·h^{-1})	80
续驶里程（行驶状态）/km	150
续驶里程（作业状态）/km	50
最大清扫宽度/m	3
垃圾箱容量/m^3	5

笔记

4. BTL5071TSLEV 纯电动吸尘车

BTL5071TSLEV 纯电动吸尘车（图2-28）是一种专供环卫作业的装用车辆。本车是纯电动底盘的基础上制造的改装车，其专用上装部分可以吸入道路垃圾。具有零排放、低噪声的优点，且其自动化程度高，使用可靠。

图2-28 BTL5071TSLEV 纯电动吸尘车

---

① 1 rpm = 1 r/min。

第2章 电动环卫车结构与原理

BTL5071TSLEV纯电动吸尘车的具体整车参数如表2-14所示。

表2-14 BTL5071TSLEV整车参数

整车型号	BTL5071TSLEV 纯电动吸尘车
底盘型号	BJ1071VDE0A-1 纯电动汽车底盘
最大总质量/kg	7 495
动力电池容量	384 V/200 A·h 快换锂离子动力电池组
主驱动电机功率/kW	60/110
风机电机功率	28 kW/2 900 rpm
最高车速/(km·h^{-1})	80
续驶里程（行驶状态）/km	150
续驶里程（作业状态）/km	50
最大清扫宽度/m	2.8
垃圾箱容量/m^3	4.5

5. 底盘系统构型

图2-29为8 t型纯电动环卫车的底盘系统构型。

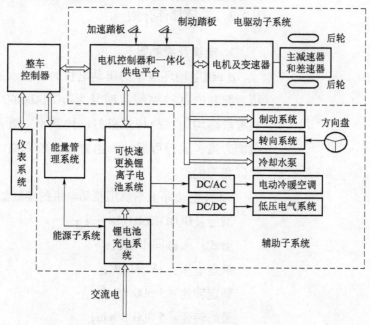

图2-29 8 t电动环卫车系统构型

笔记

8 t 型环卫车的底盘系统构型与 2 t 型环卫车大致相同，不同点在于 8 t 车型的转向系统、制动系统和冷却系统由高压供电。

6. 高压原理

8 t 环卫车高压原理如图 2-30 所示。

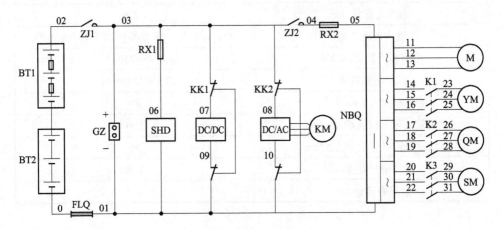

图 2-30　8 t 环卫车高压原理

2.2.2　关键部件介绍

1. 电机及控制器

8 t 纯电动环卫车的驱动电机为三相永磁同步电机，配套的电机控制器型号为 BOMK060/110 - Ⅰ。具有散热均匀、冷却效果好、体积小、重量轻、过载能力强、运行可靠、调速方便、效率高、高效工作区宽等优点。

8 t 纯电动环卫车所用驱动电机的参数如下：

型号：BOMM060/110 - Ⅰ；

型式：永磁同步电机；

额定电压：262 V DC；

额定转速：3 500 r/min；

最高转速：5 500 r/min；

额定功率：60 kW；
峰值功率：110 kW；
额定扭矩：164 N·m；
峰值扭矩：300 N·m。

2. 电池系统

8 t 纯电动环卫车采用磷酸铁锂动力电池。根据整车总布置的要求，配备了 384 V/200 A·h 的电池系统，该电池系统由 4 个电池箱串联组成，每个电池箱配有磷酸铁锂电池单元 30 串，单箱电压 96 V、电量 200 A·h。电池系统总能量为 76 kW·h。

8 t 电动环卫车动力电池总成如图 2 – 31 所示。

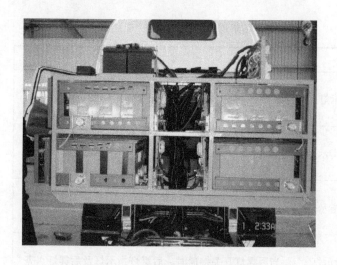

图 2 – 31　8 t 电动环卫车动力电池总成

3. 仪表与显示

1) 仪表

8 t 电动环卫车仪表如图 2 – 32 所示。

8 t 电动环卫车仪表各指示灯名称如表 2 – 15 所示。

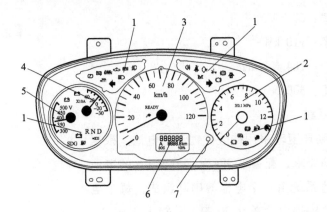

图 2-32 8 t 车仪表示意

1—指示灯和警告灯；2—气压表；3—车速表；4—电流表；5—电压表；
6—液晶屏；7—复位切换按钮

表 2-15 指示灯说明

指示灯	功能	说 明
	远光指示灯	将大灯转换为远光时，远光指示灯就会点亮，表明大灯在远光位置正常工作
	驻车制动指示灯	当驻车制动手柄拉起时，驻车制动指示灯点亮；启动时，驻车制动指示灯自检点亮
	绝缘报警指示灯	当出现动力系统绝缘故障时，绝缘报警指示灯点亮；启动时，绝缘报警指示灯自检点亮
	后雾灯指示灯	当后雾灯开关接通时，后雾灯指示灯及后雾灯点亮
	倒车指示灯	当换挡机构位于倒挡位置时，该指示灯点亮，同时倒车灯点亮，倒车蜂鸣器鸣响，以引起周围车辆及行人的注意
	前雾灯指示灯	当前雾灯开关接通时，前雾灯指示灯及前雾灯点亮
	驱动电机工作指示灯	当驱动电机工作时，驱动电机工作指示灯点亮；启动时，驱动电机工作指示灯自检点亮

第2章　电动环卫车结构与原理

续表

指示灯	功能	说　　明
	电机过热指示灯	驱动电机过热时，电机过热指示灯点亮；启动时，电机过热指示灯自检点亮
	ABS故障指示灯	① 钥匙打到"ON"挡，ABS故障指示灯进行自检点亮。 ② ABS系统有故障时，ABS故障指示灯常亮
	系统故障指示灯	整车系统出现故障时，系统故障指示灯点亮；启动时，系统故障指示灯自检点亮
	CAN故障指示灯	接收CAN总线信号故障时，CAN指示灯点亮；启动时，CAN指示灯自检点亮
	电压低报警灯	低压电系统低压低于12.5 V时，电压低报警灯点亮；启动时，电压低报警灯自检点亮；充电后，电压低报警灯熄灭
	动力电池容量低报警灯	SoC低于25%时，SoC指示灯点亮；启动时，SoC指示灯自检点亮。当车辆行驶时，如果该指示灯点亮，应到最近的充电站充电，请不要继续行驶
	转向信号指示灯	① 危险报警开关打开，则左右转向灯均闪烁；危险警告灯开关再次按压，危险报警闪烁关闭 ② 左或右转向灯开关打开，相应左侧或右侧转向灯警告：当您的车辆成为交通危险障碍时，请使用危险警告灯以引起其他驾驶员的注意
	高压闸断开指示灯	高压闸断开时，高压闸断开指示灯点亮；启动时，高压闸断开指示灯自检点亮
	前进挡位指示灯	根据挡位变化，相应的指示灯点亮。D为前进挡指示
	空挡位指示灯	根据挡位变化，相应的指示灯点亮。N为空挡指示

续表

指示灯	功能	说明
R	倒挡位指示灯	根据挡位变化，相应的指示灯点亮。R 为倒车挡指示
!	制动故障指示灯	当制动故障时，制动故障指示灯点亮；启动时，制动故障指示灯自检点亮
	取力器工作指示灯	取力器工作时，取力器指示灯点亮
	安全带指示灯	此灯用来提示驾驶员扣好座位安全带。一旦点火钥匙被转到"ON"的位置，如果驾驶员没有扣好安全带，此灯亮起，直至驾驶员扣好安全带
	车门未关报警灯	车门未关时，车门未关报警灯点亮
	充电插头插入指示灯	充电插头接入工作时，充电插头接入指示灯点亮；启动时，充电插头接入指示灯自检点亮
	动力电池故障指示灯	当动力电池出现故障时，动力电池故障报警指示灯点亮；启动时，动力电池故障报警灯自检点亮
	驾驶室锁止报警指示灯	驾驶室未锁止时，驾驶室锁止报警指示灯亮；启动时，驾驶室锁止报警指示灯自检点亮
	充电指示灯	在充电时，充电指示灯点亮；启动时，充电指示灯自检点亮
READY	系统准备完毕指示灯	系统准备完毕时，系统准备完毕指示灯点亮；启动时，系统准备完毕指示灯自检点亮
	转向液位低指示灯	当转向液位低时，转向液位低指示灯点亮
	后视镜除霜除雾指示灯	后视镜除霜除雾工作时，后视镜除霜除雾指示灯点亮

第2章 电动环卫车结构与原理

续表

指示灯	功能	说 明
	自卸车工作指示灯	当自卸车工作时,自卸车工作开关搭铁,自卸车工作指示灯点亮
	刹车蹄片磨损报警指示灯	刹车蹄片磨损时,报警开关搭铁,刹车蹄片磨损报警指示灯点亮
	气制动低气压报警指示灯	当气压表指示气压低于(0.4 ± 0.025) kPa 时,气制动低气压报警指示灯点亮,同时蜂鸣器报警 警告:当行驶中气制动低气压报警指示灯点亮时,应立即停车检查、维修
	ASR 指示灯	ASR 出现故障时,ASR 指示灯点亮;启动时,ASR 指示灯自检点亮

2) 触摸显示屏

触摸显示屏显示整车各个分系统的全部信息,通过触摸液晶屏中按键,切换主界面和各个系统信息界面,方便驾驶人员和技术人员对各个分系统进行功能调试和故障排除。

笔记

(1) 主页面(图 2-33)。

车辆信息:当前挡位显示(1 挡,2 挡,3 挡,N 挡也即空挡,R 挡也即倒挡)。运行模式显示为 4 种,根据优先级别为充电模式、强制模式、安全模式、正常模式,其中强制模式是在 AMT 挂强制挡位时显示,安全模式是动力电池 SoC 低或过电流或单体电池电压低时显示;低压电压显示单位为 V。

充电模式:汽车正在充电。

强制模式:汽车正在以强制挡行驶。

安全模式:当有一般故障时,可通过切换界面查看具体的故障,SoC 小于 20% 或过电流或单体电

笔记

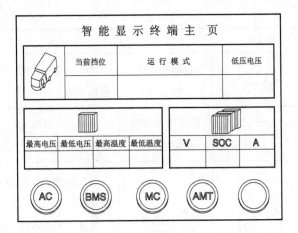

图2-33 触摸屏主页面

池电压低时,汽车为保护电池不受损害而主动进入低速保护模式,此时汽车只能低速行驶。

正常模式:汽车没有故障。

动力电池单体信息:单体最高电压、单体最低电压、最高温度和最低温度。

动力电池组信息:总电压、总电流、SoC。

(2)电池温度页面(图2-34)。

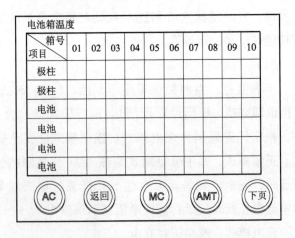

图2-34 电池温度页面

在主页面通过点击屏幕中BMS按钮,进入电池温度显示页面。此页面可以显示每箱电池中若干采集点的温度值。在此页面中点击"返回"按钮,可返回到主页面。

笔记

(3) 动力电池单体电压页面(图2-35)。

电池电压(V) 箱号					
01		09	17		25
02		10	18		26
03		11	19		27
04		12	20		28
05		13	21		29
06		14	22		30
07		15	23		31
08		16	24		32

上页　返回　MC　AMT　下页

图2-35　动力电池单体电压页面

在电池温度页面中点击"下页"按钮,进入动力电池单体电压显示页面。此页面可以显示每箱单体电池电压值。如果本页面是动力电池单体电压首页,通过点击"上页",可以返回到电池温度页面;否则返回动力电池单体电压上一页面。在动力电池单体电压页面,点击"下页"按钮,可以进入下一页面;点击"返回"按钮,可以返回主页面。

(4) 驱动电机信息页面(图2-36)。

在主页面点击"MC"按钮,进入电机信息显示页面。此页面可以显示电机系统的全部信息,包括故障码等。在此页面中点击"返回"按钮,可以返回主页面。

(5) 变速器信息页面(图2-37)。

在主页面点击"AMT"按钮,进入AMT信息显示页面。此页面可以显示AMT系统的全部信息,包括故障码等。在此页面中点击"返回"按钮,可以返回主页面。AC为空调系统预留界面。

笔记

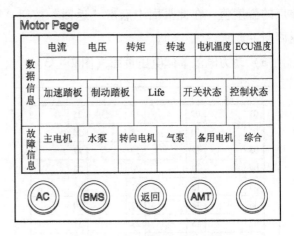

图2-36 驱动电机信息页面

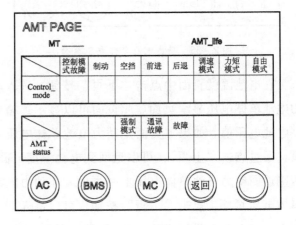

图2-37 变速器信息页面

4. 辅助电源

辅助电源由DC/DC变换器和低压辅助蓄电池组成。DC/DC变换器将384 V高压直流电转换为24 V低压直流电，为转向、制动、仪表、照明、控制系统和车身附件提供电能，并给低压辅助蓄电池充电，DC/DC变换器功率为3 000 W。低压辅助蓄电池与DC/DC变换器并联，电池常处在浮充电状态。

5. 空调系统

8 t电动环卫车采用电动冷暖空调系统分散布置

的形式。其主要技术参数如表 2-16 所示。

表 2-16 8 t 电动环卫车空调系统技术参数

空调型式	电动冷暖空调,分散布置
主电源/V	DC384
控制电源/V	DC24
制冷量/kW	3.5~4.0
制热量/kW	2.0（PTC 电加热）
送风量/($m^3 \cdot h^{-1}$)	350
制冷剂	R134a
制冷剂充注量/L	1.2
压缩机功率/kW	1.28
压缩机型式	全封闭卧式压缩机
额定工况制冷量/kW	4.0
压缩机工作电源	AC220 V - 1P - 50 Hz
压缩机额定电流/A	6
压缩机额定输入功率/kW	1.28
车厢内温度调节范围/℃	10~30
噪声/dB	≤70

6. 转向与制动

 笔记

8 t 电动环卫车使用的是液压电动助力转向系统（EHPS），如图 2-38 所示。其工作电压为 220 V 交流电,额定功率为 2 200 W。

8 t 电动环卫车的制动系统为气压制动,如图 2-39 所示。其空气压缩机的压力为 0.85 MPa,功率为 2 200 W。

笔记

图2-38 液压电动助力转向系统

图2-39 8 t环卫车气制动系统

2.2.3 整车控制器与控制策略

8 t型电动环卫车的整车控制器以及控制策略与2 t型相同，详见2.1.3节。

2.2.4 上装操作

1. HLT5074ZYSEV 纯电动压缩式垃圾车

表2-17所示为HLT5074ZYSEV、HLT5076ZYSEV上装操作。

第2章 电动环卫车结构与原理

表 2-17　HLT5074ZYSEV、HLT5076ZYSEV 上装操作

装填作业	接通高压线路,接通作业用电源,接通取力器。将驾驶室控制面板上"作业、行车"开关置于"作业"位置。确认驾驶室内操作面板上"锁钩打开"指示灯不亮。按下"装填"开关进行装填
卸载作业	打开污水箱口盖,排除污水,污水排完后关闭污水箱盖 打开后门。驾驶室操作面板上的后门开关置于"举升"位置时,后门锁钩打开和后门举升动作将自动连续完成。举升后门时要确认后门附近没有人 后门完全打开的状态下,按下操作面板上的圆形绿色按钮,后门内残存垃圾能自动排出。后门下面严禁站人 后门完全打开后,按压驾驶室内操作面板上的"排出"按钮,车厢内的垃圾就被排出,松开即停止 一般情况下垃圾排出后直接关闭后门即可。若需要将推板退回车厢前部时可按压"缩回"按钮 关闭后门,按压驾驶室操作面板上"降下"开关,这时后门旋转板反转、后门下降、后门锁钩关闭。操作面板上"锁钩打开"指示灯熄灭,表明后门关闭完成
注意事项	1. 作业时,后门下面严禁站人。操作人员在后门右侧完成,作业时要注意周围的安全 2. 关闭后门要保证车厢与后门之间没有夹挂垃圾,保证后门锁钩钩紧U形螺栓 3. 洗车、检车、维修等过程中,有时需要打开后门、进入车厢,这种情况下,必须同时采用以下两种安全措施:①将车厢右侧后部的开关置于"防止下降"位置。②不得不进入后门下面时,必须同时固定好两个安全杆

2. HLT5071ZZZEV 纯电动餐厨垃圾收集车

表 2-18 所示为 HLT5071ZZZEV 上装操作。

表 2-18　HLT5071ZZZEV 上装操作

垃圾的装卸	启动车辆;挂接取力器驱动油泵运转提供液压动力;用车侧的提升装置将垃圾装入垃圾箱;需要时可使用推板压缩垃圾箱内的垃圾

续表

垃圾的装卸	装填垃圾时，将盛有餐厨垃圾的标准垃圾桶挂好在侧提桶机构桶架上后，按下室外控制盒上的"顶盖"（开），待顶盖完全打开时提升机构锁止解除；按下室外控制盒上的"提升"（上），桶自动锁紧并提升，当桶提升到最高位置后，摆臂将桶翻转将餐厨垃圾倒入垃圾箱中。然后按下室外控制盒上的"提升"（下），空桶翻转回位后下降直至机构松开空桶并回到起始位置，按下室外控制盒上的"顶盖"（关），关闭顶盖板。如需装填多桶垃圾则顶盖可一直保持打开状态，待装填完成后再关闭。需压缩垃圾箱内餐厨垃圾时，按下室外控制盒上的"推板"（推、收），操纵推板来压缩垃圾，推板向后移动推料在推板与后门之间垃圾被压缩，水、油等液体被挤出分离进入污水箱，装料口下部空间清空以便再次装填。压缩完成后请将推板退回
垃圾排除	到达垃圾消纳场后挂接取力器，按室内控制盒上的"门锁"（开）后门解锁，按"后门"（开），打开垃圾箱后门，按"推板"（推），推板向后运动推出垃圾，当推板到达最后端时推板缸自行限位，移动停止。此时按"推板"（收）直至推板完全收回。按下"后门"（关），关闭垃圾箱后门，按"门锁"（锁）后门锁止。当锁止动作完成后务必下车查看后门是否锁止到位，以防止垃圾中存在粘的异物卡住后门使后门无法关闭到位
注意事项	1. 当压力超过 500 kPa 时，低气压驻车解除车辆进入可行驶状态 2. 作业时，手刹应处于驻车制动位置 3. 挂接取力器时，按下加速信号按钮待主电机启动后踩下离合器，使变速箱与主电机的传动分离，搬下驾驶座椅右侧的取力器操纵杆使取力器接合，如果发现取力器操纵杆无法按下或者在抬起离合器后金属摩擦和打齿声，则说明取力器没有接合，这时应踩下离合器重新挂接取力器。在停车时作业时，使用车辆的专用装置时请保持加速开关的接通 4. 为防止误操作造成危险，本车的专用装置设有互锁机构：推板没有收回时提升机构职能下降不能提升；顶盖没有打开到位时提升机构职能下降不能提升；后门锁没有打开时后门开启按钮无效 注意：如果发生了顶盖或门锁没有开启到位的情况，提升和后门开启按钮无效，这是正常的，因为此时互锁没有接触，当开启到位后互锁即可解除按钮恢复有效。本车的控制按钮采用的是点动开关，按下时线路接通机械工作抬起后断电机械停止；这种控制在使用过程中可以使机构停在任何想要的位置，但是正常使用时请确保机械的每个动作完成后再松开按钮

续表

注意事项	5. 本车的控制阀的应急手动功能，可在电控失效的情况下采用手动方式完成作业循环 注意：手动模式下各个机构是没有互锁的，在这时进行操作可能损坏车辆，手动模式只供厂家修理车辆时调试使用，不要随意尝试使用手动方式

2.3 基于福田16 t车底盘的电动环卫车型

2.3.1 整车简介

HLT5165GSSEV纯电动洒水车（图2-40）是根据市场需求开发的新能源环卫新产品，采用纯电动二类底盘，配装专用水泵。其功能有前喷洒、侧喷洒、后喷壶、高压喷枪和水龙带高压出水口（可与消防车对接，辅助灭火），适用于一般的园林绿化保洁、环卫喷洒降尘和中水转运等作业。该车型的主要特点是在新能源底盘的基础上实现了齐备的功能，并且采用了新型外观，另外就是洒水作业操作简便，其中的左前喷洒、右前喷洒、侧喷洒和后喷壶都可以在驾驶室内用手动气阀直接操作，减少了作业人员的劳动强度。根据用户需求又另外加装了高压隔膜泵，可用于道路清刷作业。

笔记

图2-40 HLT5165GSSEV纯电动洒水车

HLT5165GSSEV 纯电动洒水车的具体整车参数见表 2-19 所示。

表 2-19　HLT5165GSSEV 整车参数

车辆型号		HLT5165GSSEV 纯电动洒水车
底盘型号		BJ1163EV1 纯电动底盘
轴距/mm		4 500
车辆外型尺寸（长×宽×高）/mm		8 650×2 490×2 760
罐体外型尺寸（长×宽×高）/mm		3 100×2 340×1 300
罐体有效容积/m^3		6.3
罐体最大容积/m^3		10.0
水泵型号		80QZ-60/90N
水泵扬程/m		90
水泵额定流量/$(m^3 \cdot h^{-1})$		60
最高车速/$(km \cdot h^{-1})$		80
整备质量/kg		9 800
装载质量/kg		6 060
底盘最大总质量/kg		15 990
核定载客人数/人		2
最小转弯直径/m		15.5
接近角/(°)		18
离去角/(°)		15
轮胎型号		10.00-20
最小离地间隙/mm		223
空载时	前轮载荷/kg	4 740
	后轮载荷/kg	5 060
满载时	前轮载荷/kg	5 990
	后轮载荷/kg	10 000

图 2-41 所示为 16 t 型纯电动环卫车的底盘系统构型。

第2章 电动环卫车结构与原理

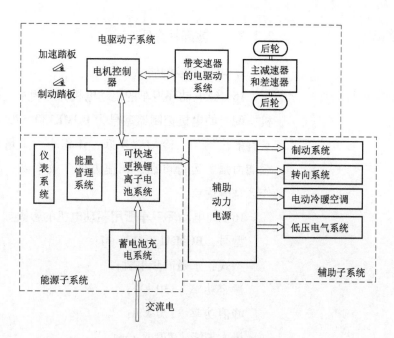

图2-41 16t电动环卫车系统构型

16 t型环卫车的底盘系统构型与2 t型环卫车大致相同，不同点在于16 t车型的转向系统、制动系统和冷却系统由高压供电。

笔记

16 t型环卫车的高压原理如图2-42所示。

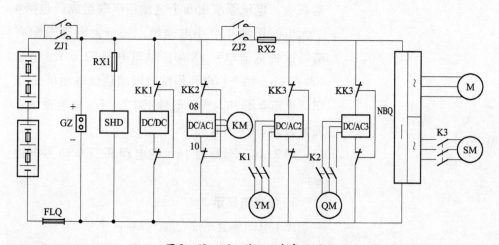

图2-42 16t型环卫车高压原理

笔记

2.3.2 关键部件介绍

1. 电机及控制器

16 t 纯电动环卫车的驱动电机为三相永磁同步电机，配套的电机控制器型号为 BOMK130/170-I。其具有散热均匀、冷却效果好、体积小、重量轻、过载能力强、运行可靠、调速方便、效率高、高效工作区宽等优点。

16 t 纯电动环卫车所用驱动电机的参数如下：

型号：BOMM130/170-I；

型式：永磁同步电机；

额定功率：130 kW；

峰值功率：170 kW；

最大扭矩：770 N·m；

额定转速：2 100 r/min；

最高转速：5 500 r/min。

2. 电池系统

16 t 纯电动环卫车采用磷酸铁锂动力电池。根据整车总布置的要求，配备了 384 V/400 A·h 的电池系统。电池系统由 8 个电池箱串联组成，包括 4 个大电池箱和 4 个小电池箱。每个大电池箱配有磷酸铁锂电池单元 18 串，单箱电压 57.6 V、电量 400 A·h；每个小电池箱配有磷酸铁锂电池单元 12 串，单箱电压 38.4 V、电量 400 A·h，电池系统总能量为 152 kW·h。

图 2-43 所示为 16 t 纯电动环卫车动力电池总成。

3. 仪表与显示

16 t 电动环卫车仪表如图 2-44 所示。

16 t 电动环卫车仪表各指示灯说明如表 2-20 所示。

第2章 电动环卫车结构与原理

图2-43 16 t纯电动环卫车动力电池总成

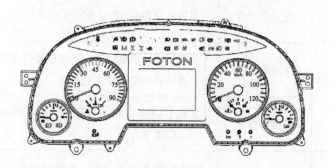

图2-44 16 t车仪表示意图

表2-20 指示灯说明

指示灯	功能	说 明
	远光指示灯	将大灯转换为远光时,远光指示灯就会点亮,表明大灯在远光位置正常工作
	驻车制动指示灯	当驻车制动手柄拉起时,驻车制动指示灯点亮;启动时,驻车制动指示灯自检点亮
	绝缘报警指示灯	当出现动力系统绝缘故障时,绝缘报警指示灯点亮;启动时,绝缘报警指示灯自检点亮
	后雾灯指示灯	当后雾灯开关接通时,后雾灯指示灯及后雾灯点亮

续表

指示灯	功能	说明
	制动灯丝断指示灯	制动灯的灯丝烧断时，该警告灯亮；更换灯泡时，应使用伏数和瓦特数符合规定的灯泡
	前雾灯指示灯	当前雾灯开关接通时，前雾灯指示灯及前雾灯点亮
	驱动电机工作指示灯	当驱动电机工作时，驱动电机工作指示灯点亮；启动时，驱动电机工作指示灯自检点亮
	电机过热指示灯	驱动电机过热时，电机过热指示灯点亮；启动时，电机过热指示灯自检点亮
	近光指示灯	当前大灯为近光时，该指示灯亮
	系统故障指示灯	整车系统出现故障时，系统故障指示灯点亮；启动时，系统故障指示灯自检点亮
CAN	CAN故障指示灯	接收CAN总线信号故障时，CAN指示灯点亮；启动时，CAN指示灯自检点亮
SOC	动力电池容量低报警灯	SoC低于25%时，SoC指示灯点亮；启动时，SoC指示灯自检点亮。当车辆行驶时，如果该指示灯点亮，应到最近的充电站充电，请不要继续行驶
	转向信号指示灯	① 危险报警开关打开，则左右转向灯均闪烁；危险警告灯开关再次按压，危险报警闪烁关闭 ② 左或右转向灯开关打开，相应左侧或右侧转向灯 注意：当您的车辆成为交通危险障碍时，请使用危险警告灯以引起其他驾驶员的注意
	高压闸断开指示灯	高压闸断开时，高压闸断开指示灯点亮；启动时，高压闸断开指示灯自检点亮
	驻车制动指示灯	当驻车制动手柄拉起时，驻车制动指示灯点亮；启动时，驻车制动指示灯自检点亮

第2章 电动环卫车结构与原理

续表

指示灯	功能	说　　明
	变速箱故障指示灯	变速箱故障，该指示灯亮
	变速箱低挡指示灯	变速箱在低挡位时，该指示灯亮
	APU故障指示灯	APU发生故障时，该指示灯亮
	预热指示灯	当钥匙拧到"Heat"挡，发动机预热系统工作时，该指示灯亮
	制动故障指示灯	当制动故障时，制动故障指示灯点亮；启动时，制动故障指示灯自检点亮
	取力器工作指示灯	取力器工作时，取力器指示灯点亮
	轴间闭锁指示灯	轴间差速器锁定工作时，该指示灯就亮起，表示后桥直接与差速系统联锁
	轮间闭锁指示灯	轮间差速锁定时，该指示灯亮，表示左右轮与差速系统直接联锁
	安全带指示灯	此灯用来提示驾驶员扣好座位安全带。一旦点火钥匙被转到"ON"的位置，如果驾驶员没有扣好安全带，此灯亮起，直至驾驶员扣好安全带
	车门未关报警灯	车门未关时，车门未关报警灯点亮
	动力电池断开指示灯	动力电池断开时，该指示灯亮
	充电插头插入指示灯	充电插头接入工作时，充电插头接入指示灯点亮；启动时，充电插头接入指示灯自检点亮

续表

指示灯	功能	说　明
	动力电池故障指示灯	当动力电池出现故障时，动力电池故障报警指示灯点亮；启动时，动力电池故障报警灯自检点亮
	驾驶室锁止报警指示灯	驾驶室未锁止时，驾驶室锁止报警指示灯亮；启动时，驾驶室锁止报警指示灯自检点亮
	动力电池充电指示灯	在充电时，充电指示灯点亮；启动时，充电指示灯自检点亮
READY	系统准备完毕指示灯	系统准备完毕时，系统准备完毕指示灯点亮；启动时，系统准备完毕指示灯自检点亮
	上装工作指示灯	
	上装左箭头指示灯	
	上装右箭头指示灯	
	刹车蹄片磨损报警指示灯	刹车蹄片磨损时，报警开关搭铁，刹车蹄片磨损报警指示灯点亮
	前桥气压低报警指示灯	当前桥制动储气筒中的空气压力低于 500 kPa 时，该警告灯亮
	后桥气压低报警指示灯	当后桥制动储气筒中的空气压力低于 500 kPa 时，该警告灯亮
	气压 1 指示灯	
	气压 2 指示灯	

第2章 电动环卫车结构与原理

续表

指示灯	功能	说 明
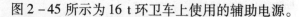	水位/水温指示灯	当冷却水温过高时，该指示灯就亮
	ASR指示灯	ASR出现故障时，ASR指示灯点亮；启动时，ASR指示灯自检点亮

4. 辅助电源

辅助电源由 DC/AC、DC/DC 变换器和低压辅助蓄电池组成。DC/AC 变换器将 384 V 高压直流电转换为 220 V 交流电，为驱动电机、转向、制动系统提供电能，其功率为 3 000 W；DC/DC 变换器将 384 V 高压直流电转换为 27.5 V 低压直流电，为仪表、照明、控制系统和车身附件提供电能，并给低压辅助蓄电池充电，DC/DC 变换器功率为 3 000 W。低压辅助蓄电池与 DC/DC 变换器并联，电池常处在浮充电状态。

图 2-45 所示为 16 t 环卫车上使用的辅助电源。

 笔记

图 2-45　16 t 环卫车上使用的辅助电源

5. 转向与制动

16 t 电动环卫车使用的是液压电动助力转向系

笔记

统,如图 2-46 所示。其工作电压为 220 V 交流电,额定功率为 3 000 W。

图 2-46 液压电动助力转向系统

16 t 电动环卫车的制动系统为气压制动,与 8 t 环卫车相同,详见 2.2.2 节。

2.3.3 整车控制器与控制策略

1. 整车控制器

16 t 环卫车所使用的整车控制器如图 2-47 所示。

图 2-47 16 t 环卫车整车控制器

16 t 环卫车整车控制器的主要功能有:

(1) 采集驱动踏板有效信号,采集驱动踏板行程信号,采集制动踏板有效信号,采集制动踏板行程信号，采集挡位信号。

（2）高压控制功能。

（3）通过 CAN 总线采集整车各个零部件的状态信息，基于整车状态实现优化控制，并将控制命令按照通信协议发送到 CAN 总线上。

（4）根据电池的能量状态、单体电池最低电压、电池温度来智能控制电池的放电功率。

（5）根据电安全性控制。

（6）充电互锁控制功能。

（7）网络节点通信故障监控功能。

2. 控制策略

16 t 型电动环卫车的控制策略与 2 t 型相同，详见 2.1.3 节。

2.3.4 上装操作

表 2-21 所示为 HLT5165GSSEV 上装操作。

表 2-21 HLT5165GSSEV 上装操作

水罐上水	用消防栓取水后，本车右后部备有一个二寸半球形阀门，阀端有专用的管牙接口，从车上工具箱内取出水龙带，两头分别与阀端接口及消防栓接通，即可打开球阀，再打开消防栓龙头向罐内注水。也可以从罐体顶端的罐口直接向罐内注水
控制系统操纵	洒水作业时，先打开洒水作业相应的节门开关——其中的两个前喷洒、侧喷洒和后喷壶可以通过气控阀在驾驶室内操作，高压喷枪则需要配置专业的操作人员在车身后端的操作台上作业，然后再连接取力器，即可进行洒水作业

续表

控制系统操纵	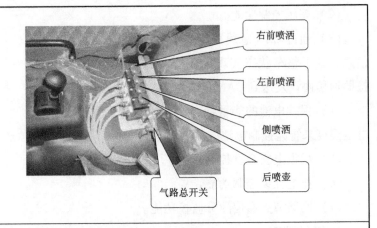 右前喷洒 / 左前喷洒 / 侧喷洒 / 后喷壶 / 气路总开关
注意事项	1. 水泵是由侧取力器来带动的,侧取力器挂挡和摘挡前发动机必须处于空载时才可进行,否则损坏侧取力器 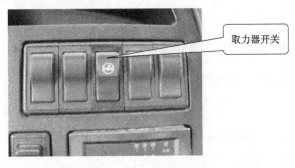 取力器开关 2. 要定期检查水泵变速箱内润滑油,不足时要添加,否则会过早磨损齿轮 3. 在洒水过程中尽量让发动机在 1 400 r/min 以下,否则水泵容易损坏,因为水泵的额定转速为 1 180 r/min(取力器的传动比是 1.2 左右)

第3章 Chapter 3　BJ6123C7C4D纯电动客车结构与原理

3.1 整车简介

欧辉 BJ6123C7C4D 纯电动客车（图 3-1）动力性、可靠性、安全性、能耗经济性好，具有完全自主知识产权；电动客车整车造型设计独特、内饰美观高雅、舒适性高，采用专用电动化低地板底盘，整车达到发动机客车超二级相关要求，并解决了与无轨电车弓网兼容的电电混合的关键技术；该车在国际上首次使用先进的锂离子动力电池组、分散式充电快速更换方案、无离合器三挡机械自动变速电驱动系统、电动涡旋式一体化冷暖空调等具备自主知识产权的关键部件，综合技术水平和产品化程度高、整车能耗低。

图 3-1 欧辉 BJ6123C7C4D 纯电动客车

3.1.1 基本参数

BJ6123C7C4D 纯电动客车整车参数如表 3-1 所示。

第3章 BJ6123C7C4D纯电动客车结构与原理

表 3-1 BJ6123C7C4D 纯电动客车整车参数

参数		数值
车辆外型尺寸（长×宽×高）/mm		11 850 × 2 540 × 3 300
轴距/mm		5 800
轮距（前/后）/mm		2 096/1 836
前悬/后悬/mm		2 560/3 490
乘客门一级踏步高度/mm		370
车厢地板离地高度/mm		390
车厢内最大宽度/mm		2 430
乘客座位数/个		22～32
最高车速/(km·h^{-1})		80
整备质量/kg		14 500
乘客数/人		50
底盘最大总质量/kg		18 000
0～50 km/h 加速时间/s		25
最大爬坡度（满载）/%		20
制动距离（30 km/h）/m		9.5
续驶里程（40 km/h 等速）/km		360 A·h 电池组：≥180（标准型）
		480 A·h 电池组：≥240（扩展型）
最小转弯直径/m		24
接近角/(°)		7
离去角/(°)		7
最小离地间隙/mm		152
空载时	前轮载荷/kg	4 500
	后轮载荷/kg	10 000
满载时	前轮载荷/kg	6 500
	后轮载荷/kg	11 500

3.1.2 底盘系统构型

图 3-2 所示为 BJ6123C7C4D 纯电动客车系统构型。

 笔记

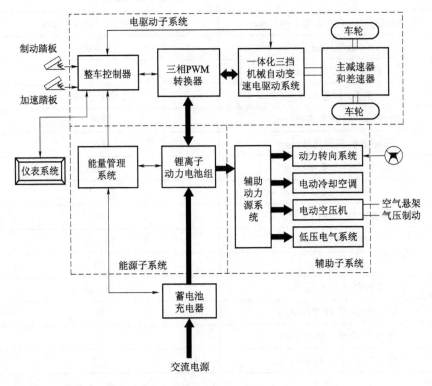

图3-2 BJ6123C7C4D 纯电动客车系统构型

 笔记

3.1.3 高低压原理

BJ6123C7C4D 纯电动客车的高压原理如图 3-3 所示。高压电源从电池的整机 D+出发，首先通过位于驾驶员控制台的高压开关 DK1，该开关受低压控制，作为整车高压电源的总开关以及充电开关。经线路 2 可以进行充电操作，经线路 3 与主电机控制器（通过驱动电机驱动车辆行走）、DC/DC 变换器（给低压电源充电）、转向系统控制器（控制转向助力机构）、制动系统控制器（控制和驱动气泵打气提供制动能量）及冷暖一体化空调相连，最后经过分流器 FL 流回负极，分流器 FL 的作用是检测高压线路中的电流值。此外，在电池内部之间装有 350 A 的熔断器 F，防止高压回路中电流过大。

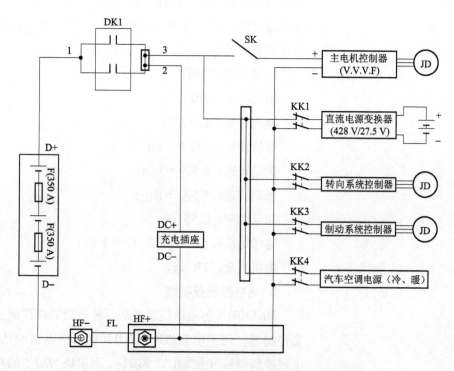

图 3-3　BJ6123C7C4D 纯电动客车高压原理

动力电池组通过 DC/DC 变换器将高压直流电转换为低压直流电，为仪表、照明、控制系统和车身附件提供电能，并给辅助蓄电池充电，这构成了整车低压电气系统。

 笔记

3.2　BJ6123C7C4D 纯电动客车关键部件简介

3.2.1　电机及控制器

BJ6123C7C4D 纯电动客车选用三相风冷式永磁同步电机。电机安放在车架的后部，与之相匹配的电机控制器安放在车身后部的后背仓内。

笔记

系统由YTD130F01型永磁同步电机和MK130F01型电机控制器组成。具有散热均匀、冷却效果良好、过载能力强、运行可靠、调速方便、效率高、高效工作区宽等优点。

1. 驱动电机参数

额定功率：130 kW；

峰值功率：170 kW；

峰值转矩：900 N·m；

额定转速：3 500 r/min；

最高转速：4 500 r/min；

额定效率：0.95；

绝缘等级：定子H级，转子F级；

电机质量：270 kg。

2. 电机控制器参数

MK130F01型电机控制器是一种自动弱磁调速逆变控制器，用于电动汽车YTD130F01型电机驱动。电机控制器箱内主要由以IGBT功率模块为核心的功率电路和以单片机为核心的微电子控制电路两部分构成，可以安装在地面、车辆等无腐蚀性气体的环境中。

系统的主要功能是将输入的直流电压变为可调的交流电压和电流给电动机负载使用。机组采用自备冷却风机散热，无须另加散热设备。其主要参数如下：

控制器质量：80.6 kg；

外形尺寸（长度×宽度×高度）：710 mm×465 mm×497 mm；

额定功率：130 kW；

额定输入电压：384 V DC；

最低输入电压：330 V DC；

最高输入电压：460 V DC；

第3章　BJ6123C7C4D纯电动客车结构与原理

冷却方式：自带风冷；
控制电源输入电压范围：18~36 VDC；
额定效率：0.97。

3. 控制器主要功能

当控制电源和动力电源分别接通后，控制器首先进行内部预充电，预充电完成后才能进行牵引或制动，因此接通电源后需要等待5 s后才能开始正常工作。

当控制器收到向前/向后指令和加速踏板或制动踏板给出的牵引/制动信号后，便能根据踏板信号实现电机的驱动力矩控制，实现电动汽车的驱动或制动。

如果控制器同时收到加速踏板和制动踏板给出的信号，则以制动信号优先，实现制动功能。

3.2.2　电池系统

BJ6123C7C4D 纯电动客车采用锰酸锂或磷酸铁锂两种锂离子动力电池组作为整车的能量供给系统；锂离子电池单体经过模块化封装后装入到可快速更换的电池箱内，电池箱之间通过电缆连接组成整车电池组。空调、转向助力油泵、气泵等各电动部件分别拥有各自的 DC/AC 逆变器，电池组高压直流电通过这些逆变器转换为交流电为上述部件提供能量。同时电池组高压直流电通过 DC/DC 变换为低压 24 V，为整车仪表、照明、控制系统和车身附件提供电能，并给辅助蓄电池充电，如图 3-4 所示。

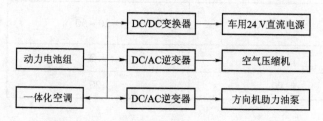

图 3-4　BJ6123C7C4D 纯电动客车电源系统组成

笔记

1. 动力电池组

BJ6123C7C4D纯电动客车电池组有两种类型,分别为锰酸锂和磷酸铁锂锂离子电池。两种电池分别介绍如下:

锰酸锂锂离子动力电池组由104个电池单元串联组成10箱电池模块,再由电池模块串联组成整车的动力电池组系统。电池箱有大小两种规格,其中大箱(16个模块串联)3箱,小箱(8个模块电池串联)7箱,总能量为139.7 kW·h。

磷酸铁锂锂离子动力电池组由124个电池单元串联成10箱电池模块,再由电池模块串联组成整车的动力电池组系统。电池箱有大小两种规格,其中大箱(18个电池单元串联)3箱,小箱(10个电池单元串联)7箱,总能量为142.6 kW·h(表3-2)。

表3-2 动力电池组参数

项目	锰酸锂锂离子电池组	磷酸铁锂锂离子动力电池组
总电压/V	388	396
总容量/A·h	360	360
总能量/kW·h	139.7	142.6
放电率	常用0.2~0.3 C, 最大0.5~0.7 C, 短时最大电流400 A	常用0.2~0.4 C, 最大0.8 C, 短时最大电流450 A
放电深度	60%~70% DoD	85% DoD
使用温度 (北京地区)/℃	-15~50	-20~50
单体额定电压/V	3.6	3.2
单体额定容量/A·h	90	120

BJ6123C7C4D纯电动客车采用的新型电池箱,具有电池模块化封装、管理系统和安全防护系统集

第3章 BJ6123C7C4D纯电动客车结构与原理

 笔记

成、可快速更换的特点,具备防水防火防尘的功能。动力电池箱由内、外箱体两部分组成。外箱体固定在车架上,内箱体通过外箱体内部滚轮支撑,电磁锁锁止固定在外箱上。设计了"自动快速插接机构",解决了高压电极和低压信号极柱之间的快速插接和分离及防震问题;设计了安全可靠的锁止和解锁结构,实现了整体电池组安全锁止和支持快卸。采用双层结构面板设计,中间层布置电池管理系统、快熔保险、手动检测机构、通风风扇、快换系统吸盘等部件,实现了电池模块化封装,电池箱及其组件的集成,便于布线、安装和维护,并且支持快速更换。电池箱总体技术结构如图3-5所示。

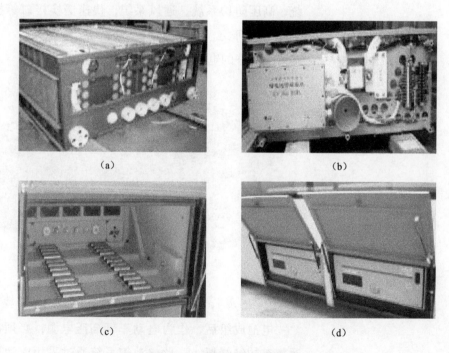

图3-5 电池箱总体技术结构
(a)电池内箱体;(b)电池箱安全防护和管理系统;
(c)电池外箱体;(d)电池箱面板结构

BJ6123C7C4D纯电动客车有两种电池箱规格:

笔记

大箱和小箱。大箱和小箱除尺寸不同外，结构和功能均相同，大、小箱尺寸如表3-3所示。

表3-3 大、小箱尺寸　　　　　　　　mm

类　　型	大箱（深灰色）	小箱（浅灰色）
内箱（长×宽×高）	810×766×310	465×766×310
外箱（长×宽×高）	798×850×375	453×850×375

完整的电池箱由外箱和内箱组成。

外箱体：整体结构采用钢板冲压成型，外部做喷塑处理，内部喷涂防火绝缘漆，为电池安装提供一个防水、防火、通风的空间。

内箱体：为电池单体安装、固定，电池管理系统，高压防护系统，通风系统，快速更换接口等提供安装空间。

组装好的电池箱如图3-6所示。

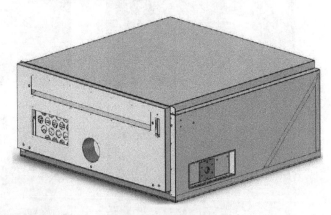

图3-6　电池箱整体

电池成组后，作为电动车辆高压电源，必须满足整车的绝缘要求，此电池箱系统通过采用电池单体壳体绝缘、内外箱体间绝缘辊子、箱体内部防火绝缘漆绝缘、外箱体绝缘子悬浮绝缘、电磁锁绝缘处理等多层次实现电池与车体间二次绝缘。

第3章 BJ6123C7C4D纯电动客车结构与原理

纯电动客车电池箱手动操作说明如下。

1）手动开启

首先，插上手动解锁装置，如图3-7所示。

图3-7 电池箱手动开启步骤一

然后，双手用力向里推面板，内箱自然弹启，顺滑道拖出，如图3-8所示。

图3-8 电池箱手动开启步骤二

最后，拔出手动解锁装置，开锁完成，如图3-9所示。

2）手动锁止

锁止时，将内箱对准外箱口顺定位滑道推入，接近于锁止位时用力迅速推入自然锁止，如图3-10所示。

图 3-9　电池箱手动开启步骤三

图 3-10　电池箱手动锁止

 笔记

2. 电池管理系统

蓄电池管理系统（Battery Management Systems，BMS）作为电池系统的重要组成部分，具有实时监控电池状态、优化使用电池能量、延长电池寿命和保证电池的使用安全等重要作用。电池管理系统对整车的安全运行、整车控制策略的选择、充电模式的选择以及运营成本都有很大的影响。电池管理系统无论在车辆运行过程中还是在充电过程中都要可靠地完成电池状态的实时监控和故障诊断，并通过总线的方式告知车辆集成控制器或充电机，以便采用更加合理的控制策略，达到有效且高效使用电池的目的。

电池管理系统采用集散式系统结构，每套电池管理系统由 1 台中央控制模块（或称主机）和 10 个电池测控模块（或称从机）组成。电池管理系统检测模块安装在电池箱前面板内；电池管理系统主控模块安装在车辆尾部高压设备仓内。

 笔记

针对电动大客车的设计理念，系统结构如图3-11所示。

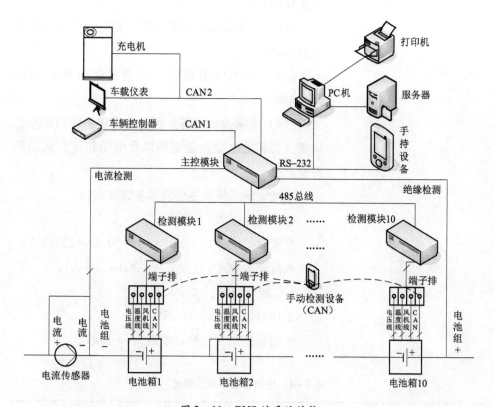

图3-11 BMS的系统结构

电池管理系统的功能如下：

（1）单体电池电压的检测。

（2）电池温度的检测。

（3）电池组工作电流的检测。

（4）绝缘电阻检测。

（5）冷却风机控制。

（6）充放电次数记录。

（7）电池组 SoC 的估测。

笔记

(8) 电池故障分析与在线报警。

(9) 各箱电池充放电次数记录。

(10) 各箱电池离散性评价。

(11) 与车载设备通信,为整车控制提供必要的电池数据 CAN1。

(12) 与车载监控设备通信,将电池信息送面板显示 CAN2。

(13) 与充电机通信,安全实现电池的充电 RS-485。

(14) 有简易的设备实现电池管理系统的初始化功能,能满足电池快速更换以及电池箱重新编组的需要。

电池管理系统的主要技术参数如下:

电压检测误差:<0.5% (3~6 V);

温度测量误差:< ±1 ℃ (-40 ℃ ~125 ℃);

电流测量精度:0.5% (-300~300 A);

SoC 测量误差:<8%;

工作温度:-25 ℃ ~75 ℃。

电池管理系统的特点如表 3-4 所示。

表 3-4 电池管理系统的特点

项目	特点
系统结构	分散式、集散式和集中式的系统结构满足不同厂家、不同批次的动力电池布局特点
系统功能	电池状态的实时监控、数据处理、故障分析和定位、SoC 估算、数据传输、热管理、充放电控制、PC 机在线监控、运行数据存储、数据转储和数据库管理等
检测精度	电压精度 0.5%;电流精度 0.5%;温度误差 ±1 ℃;SoC 测量误差≤8%
接口	对外输出接口进行了简化,对外连接只包括电源线和通信线

第3章 BJ6123C7C4D纯电动客车结构与原理

续表

项目	特 点
辅助设备	便携式故障诊断和数据转储仪
安全性、可靠性和稳定性	系统采用大规模集成电路、滤波、高等级隔离、数据冗余等先进技术
在线故障诊断和定位	能分析出设备自身和传感器的故障类型和故障的位置
通信功能设计	4路通讯总线设计，包括2路符合CAN2.0B协议的CAN总线、1路RS-485总线和1路RS-232通信线

3. 运行模式

由于BJ6123C7C4D纯电动客车采用快速更换、分箱充电和整车应急充电结合的充电模式，所以电池管理系统分为车载模式、应急充电模式和快换模式3种运行模式。

1）车载模式

车载模式下电池管理系统的结构如图3-12所示。电池管理系统（中央控制模块）通过CAN1总线将实时的必要的电池状态告知整车控制器以及电机控制器等设备，以便采用更加合理的控制策略，既能有效地完成运营任务，又能延长电池使用寿命。同时，电池管理系统（中央控制模块）通过高速CAN2将电池组的详细信息告知车载监控系统，完成电池状态数据的显示和故障报警等功能，为电池的维护和更换提供依据。

2）应急充电模式

电池管理系统处于应急性整车充电模式下的拓扑结构如图3-13所示。应急充电模式下，车辆上的电池不卸载到地面。充电机的充电线直接插在电动车的充电插头上进行充电。此时的车载高速CAN加入充电机节点，其余不变。充电机通过高速CAN

 笔记

笔记

了解电池的实时状态,调整充电策略,实现安全充电。

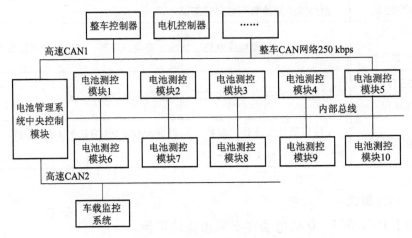

图 3-12 车载模式下电池管理系统结构

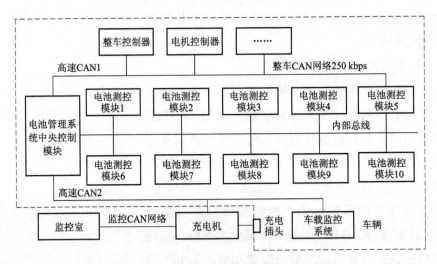

图 3-13 应急充电模式下电池管理系统结构

3) 快换模式

快换模式采用分箱充电。由于在日常补充充电模式下,从整车卸载下来的只有电池箱以及电池箱内的电池测控模块,而中央控制器仍在车上,这样充电的时候,中央控制模块的电流检测功能、SoC 估测功能以及和充电机之间的 CAN 通信能力已经没有

第3章 BJ6123C7C4D纯电动客车结构与原理

了,与充电机通信的是电池管理系统的各个电池测控模块,所以采用 RS-485 总线结构,电池管理的测控模块实时地将该箱电池的各单体电压、温度和故障等信息告知充电机,实现安全优化充电。

 笔记

3.2.3 AMT 系统

1. 系统组成及特点

BJ6123C7C4D 纯电动客车变速操纵系统采用三挡变速器和换挡自动控制单元组成的三挡机械式自动变速系统,其功能是实现操纵的电控自动化。其特点是保留原选位、换挡机构不变;设计的电驱动变速装置高度集成化、具有良好的工艺性和维修保养;具有良好的经济性和工作可靠性;电驱动变速装置与手动变速器箱盖的连接结构简单并具有互换性。

图 3-14 所示为 AMT 系统。

图 3-14 AMT 系统

AMT 系统主要由三挡机械变速器、选换挡执行机构、选位电机、换挡电机、选位传感器、换挡传感器、转速传感器、ECU 等几部分组成。

其中变速器采用 4A110 和 S3-120AMT 两种型号,如图 3-15、图 3-16 所示,有 3 个前进挡(在必要时可以扩展为 4 个前进挡),换挡控制自动完成；倒挡由换挡控制单元与电机反向运转配合实现。

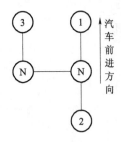
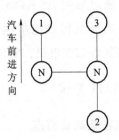

图3-15 4A110变速器挡位示意图　　图3-16 S3-120AMT变速器挡位示意图

笔记

如图3-15、图3-16中所示，换挡按键放在"N"时，变速器并没有真正摘到空挡，而在停车时挡位一般在1挡。

图3-17所示为换挡按钮与机械手动应急换挡，当自动变速操纵系统出现故障时，可考虑采用机械手动应急换挡，利用应急装置将变速器挂入固定挡位，此时相当于机械手动变速器。采用专用扳手，将变速器挂入1挡或2挡。将换挡旋钮置于"强制"任何挡，即可开高压，按D或R，行车。

图3-17 换挡按钮与机械手动应急换挡

需要拖车时，应将变速器置于"空挡"（图3-17中N位置）。

若变速系统工作正常，则可将车上低压电源关闭，然后将挡位旋钮转到"强制空"，打开低压电源并保持15 s以上，即可完成空挡操纵。

第3章 BJ6123C7C4D纯电动客车结构与原理

若自动变速操纵系统出现了故障,则需要借助专用扳手采用机械手动应急的方式完成空挡操作。

 笔记

表3-5所示为变速器的主要技术参数。

表3-5 变速器技术参数

型 号		4A110	S3-120AMT
最大输入扭矩/N·m		1 100	1 200
传动比	一挡	4.403	4.406
	二挡	2.446	2.446
	三挡	1.507	1.481
换挡操纵方式		自动/手动	自动/手动
重量/kg		180	180
润滑油型号		80W-90 GL-4	80W-90 GL-4
润滑油量/L		12	13

AMT系统选位换挡执行机构采用24 V直流电机,一方面可以直接使用车载电源为动力源,不需要附加装置,省去液压操纵所需要的复杂油源装置;另一方面以直流电机取代液压系统中的油缸及电磁阀,不仅大大降低系统成本,而且简化了机构,提高了可靠性。

图3-18、图3-19所示分别为4A110变速器和S3-120AMT变速器的传感器及选位电机换挡电机布置。

图3-18 AMT传感器及选位电机换挡电机布置(4A110变速器)

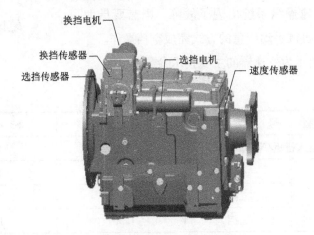

图3-19 AMT传感器及选位电机换挡电机布置
(S3-120AMT变速器)

 笔记

2. 系统工作原理

AMT系统的工作原理框图如图3-20所示。

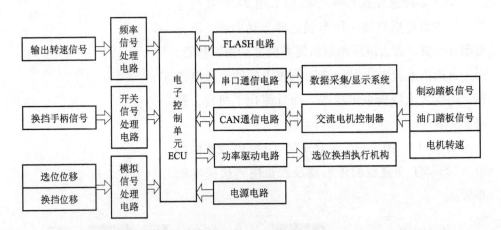

图3-20 AMT系统工作原理框图

AMT的控制过程是动力传动系统的综合控制过程，AMT电控系统与车内其他相关电控系统的协调非常重要。BJ6123C7C4D纯电动客车BJ6123C7C4D的动力总成为交流电机，它与变速箱直接通过花键轴相连，中间没有安装普通汽车的离合器。为了实现协调

第3章 BJ6123C7C4D纯电动客车结构与原理

控制,在 AMT 系统中引入 CAN 总线,实现 AMT 电控单元(ECU)与交流电机控制器(MC)之间的通信。

图 3-21 所示为基于 CAN 总线的换挡控制技术。

笔记

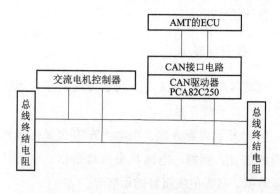

图 3-21 基于 CAN 总线的换挡控制技术

BJ6123C7C4D 纯电动客车电机动力输出后不经过离合器而是直接通过多挡变速器连接到驱动桥,并利用动力传动一体化技术实现无离合器换挡,换挡过程如下。

(1)根据换挡规律,达到换挡点后,机械自动变速系统(AMT)向驱动电机控制器发出扭矩渐变控制模式请求,当电机驱动扭矩逐渐降低后,电机驱动器控制电机处于自由模式,并将状态反馈给 AMT。

(2)AMT 接收到电机处于自由模式的状态反馈后,控制变速器完成摘挡动作。

(3)变速器处于空挡后,AMT 向电机控制器发出调速模式请求,电机控制器根据 AMT 发出的目标转速进行调速,目标转速是由 AMT 根据车速和目标挡位计算得到。

(4)在电机调速的同时,AMT 控制变速器完成选位操纵。

(5)在目标转速达到后,AMT 向电机控制器发出电机自由模式请求。

(6)确认电机处于自由模式后,AMT 进行换挡

笔记

操作。

完成换挡操纵后，AMT控制器向控制电机发出力矩模式请求，电机恢复为正常力矩输出模式，进入正常行驶状态。

3.2.4 仪表与显示

电动客车用组合仪表不同于传统汽车仪表，主要表现在以下两方面。

（1）显示内容方面，电动汽车有很多传统汽车没有的信息，例如，电池状态信息数据、电机状态信息数据、各种电气报警指示灯等。

（2）信息传递方式方面，仪表的所有信息全部通过3路CAN总线接收。

CAN1上传送的信息包括仪表液晶屏主界面信息和电机、变速器界面信息：总电压、总电流、SoC、单体电池最高/最低电压、电池最高/最低温度、车速、所有与电机相关和所有与自动变速器相关的信息。

CAN2上传送的信息为电动汽车用动力电池单体电压和各电池箱温度数据。

CAN3上传送的信息为整车低压用电设备信息，包括各个车灯的控制及状态信息、前后门控制及状态信息、低压电压和低压电流信息、气压信息、ECAS控制及状态信息、前后换气扇控制及状态信息等。

图3-22所示为驾驶仪表台平面图。

1. 组合仪表

BJ6123C7C4D纯电动客车仪表使用的是ZF-ZB204组合仪表。仪表总成的配置为：右侧单表显示速度、总/分里程；中间液晶屏显示车内各种状态界面、报警信号界面、电池管理系统界面和电机及变速

第3章　BJ6123C7C4D纯电动客车结构与原理

笔记

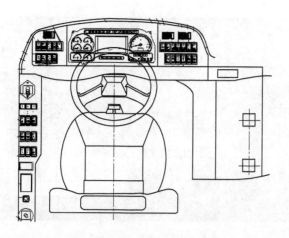

图3-22　驾驶仪表台平面图

箱界面等信息；左侧6只步进电机指示高低电压、高低电流和两路气压值；指示灯分布在仪表的上部和右下部，共计28只。

图3-23所示为CAN总线组合仪表效果图。

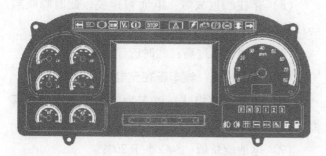

图3-23　CAN总线组合仪表效果图

2. 液晶屏

1）按键

液晶屏下方右侧按键为主界面、文字信息界面、报警界面的切换按键，左侧按键为电池界面、电机变速器界面切换按键。

2）主界面（司机界面，如图3-24所示）

其中，"当前状态"显示包括如下几种类型。

（1）强制挡位模式：汽车正在以强制挡行驶。

119

笔记

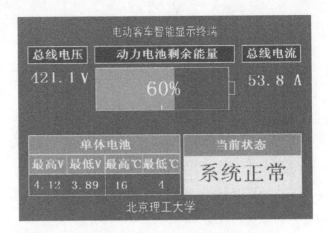

主界面显示：总电压，总电流，SoC，最高电压，最低电压，最高温度，最低温度，车身当前状态。

图 3-24 液晶屏主界面

(2) 强制停车模式：汽车为保护电池不受损害而主动进入停车保护模式。

(3) 存在严重故障：电池箱摔脱，此时蜂鸣器会长鸣，应立即停车检查。

(4) 电池电压过高：此时应停止充电。

(5) 充电模式：汽车正在充电。

(6) 强制低速模式：汽车为保护电池不受损害而主动进入低速保护模式，此时汽车只能低速行驶。

(7) 电池能量低：SoC 小于 20%。

(8) 存在一般故障：当有一般故障时，可通过切换界面查看具体的故障。

(9) 正常模式：电动客车没有故障。

3) 文字信息界面（图 3-25）

4) 报警界面/屏保界面（图 3-26）

(通过液晶屏下方的 5 个按键中最右边的按键可切换到报警信息界面)

(1) 报警界面。

① 出现报警条（屏幕上方）和报警区域（屏幕

第3章 BJ6123C7C4D纯电动客车结构与原理

笔记

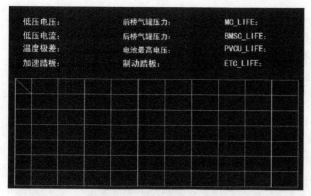

显示车辆低压电压/电流、电池温度极差、两路气压值、电池最高电压、加速/制动踏板值、BMSC 的 LIFE、ETC 的 LIFE、MC 的 FE、PVCU 的 LIFE 电池箱温度，每箱 6 个，共 60 个。

图 3-25 文字信息界面

图 3-26 报警界面

下方)。

② 报警条对应位置出现报警相关图标和数字代码及故障描述。

③ 报警区域对应位置出现报警相关图标及报警内容。当报警量超过 12 条时，将通过自动翻页切换信息。

（2）屏保界面（图 3-27）。

当无报警信号时显示屏保界面

5）电池界面一（图 3-28）

（通过液晶屏下方的 5 个按键中最左边的按键可切换到电池信息界面）

图3-27 屏保界面

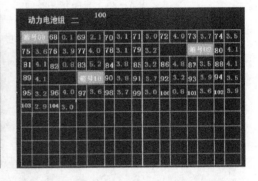

图3-28 电池界面

笔记

分两页显示所有电池当前电压,出现电池不正常时用不同颜色显示。

6)电机及变速箱状态显示(图3-29)

(通过液晶屏下方的5个按键中最右边的按键可切换到电机、AMT信息界面)

7)仪表显示屏的后门和倒车监视器功能

(1)监视器自动切换:当后乘客们打开及倒车时,显示屏自动切换到相应监视器视屏画面;后车门关闭或倒车按键开关切换至空挡和前进挡时,监视器画面关闭。

(2)监视器手动切换:在有些时候驾驶员(工

第3章 BJ6123C7C4D纯电动客车结构与原理

笔记

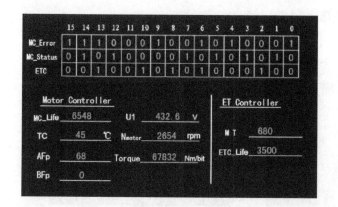

图 3-29 电机及变速箱状态界面

作人员）需要看到监视器画面，按如下程序操作。

进入倒车视频界面：按下倒车视频按键（仪表左数第三个按键）。

退出倒车视频界面：按下其他按键。

进入后门视频界面：按下后门视频按键（仪表左数第二个按键）。

退出后门视频界面：按下其他按键。

3. 电压表、电流表和气压表

1）气压表一/二（图 3-30）

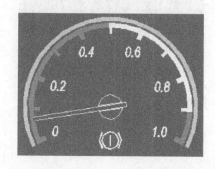 

显示范围 0~1.0 MPa。其中 0~0.5 MPa 为欠压范围，仪表边框红色；0.5~0.9 MPa 为正常范围，仪表边框绿色；0.9~1.0 MPa 为过压范围，仪表边框红色。

图 3-30 气压表

2）低压电流、低压电压（图3-31）

显示低压电流0~100A，其中
0~90A为正常范围，仪表边框绿色；
90~100A为过流范围，仪表边框红色。

显示低压电压0~35V，其中
0~18V为欠压范围，仪表边框红色；
18~28V为正常范围，仪表边框绿色。

图3-31　低压电流电压表

3）高压电流、高压电压（图3-32）

显示高压电流~+500A，其中
-500~-400A为过流范围，仪表边框红色；
-400~+400A为正常范围，仪表边框绿色。

显示高压电压0~750V，其中
0~350V为欠压范围，仪表边框红色；
350~675V为正常范围，仪表边框绿色。

图3-32　高压电流电压表

4. 指示灯报警信号定义

指示灯报警信号定义如表3-6所示。

表3-6　指示灯报警信号定义

序号	图标	颜色	图标含义
1	D	绿	前进挡时亮

第3章　BJ6123C7C4D纯电动客车结构与原理

续表

序号	图标	颜色	图标含义
2	R	红	后退挡时亮
3	N	白	强制空挡时亮
4	1	黄	1挡时亮
5	2	黄	2挡时亮
6	3	黄	3挡时亮
7	(P)	红	手刹制动时亮
8	门1	红	前门开时亮
9	门2	红	后门开时亮
10	远光灯	蓝	远光灯打开时亮
11	←	绿	左传指示灯打开时亮

续表

序号	图标	颜色	图标含义
12		绿	右转指示灯打开时亮
13		绿	前雾灯打开时亮
14		黄	后雾灯打开时亮
15		红	充电指示灯—充电时亮
16		黄	ABS有故障时亮
17		红	绝缘报警（常亮）——漏电时亮
			绝缘报警（闪烁）——漏电时亮
18		红	气压欠压时亮
19		红	电池电压低时亮
			电池电压高时亮
20		红	高压闸闭合时亮
21		绿	高压闸断开时亮

续表

序号	图标	颜色	图标含义
22		绿	前暖风打开时亮
23		绿	干燥器运行时亮
24	ECAS	红	空气悬架存在故障时亮
25		红	电机故障时亮
26		红	蹄片磨损时亮
27	STOP	红	汽车存在红色警示故障时灯亮
28		黄	汽车存在黄色警示故障时灯亮

3.2.5 辅助电源

 笔记

辅助电源由两部分组成，分别是直流24 V电源和交流220 V辅助动力电源。

1. 直流24 V电源系统

直流24 V辅助电源由DC/DC变换器和低压辅助蓄电池组成。DC/DC变换器将384 V高压直流电转换为24 V低压电流，为仪表、照明、控制系统和车身附件提供电能，并给低压辅助蓄电池充电，DC/DC变换器功率为2 400 W。低压辅助蓄电池由2节2×12 V/100 A·h铅酸蓄电池串联构成，与DC/DC变换器并联，电池常处在浮充电状态。

笔记

辅助 DC/DC 变换器主要技术参数：

型号：DJC3K24 - B 型；

额定功率：2.4 kW；

额定电压：24 V；

过载功率：30%（1 min）；

输入电压范围：320 ~ 720 V DC；

输出电压范围：27 ± 0.5 V DC；

输出工作电流：80 ~ 100 A；

冷却方式：风冷；

总重量：< 20 kg；

体积：< 440 mm × 296 mm × 430 mm。

2. 交流 220 V 辅助动力电源系统

交流 220 V 辅助动力电源系统可以给车辆上应用 220 V 交流电源的辅助电器提供电力，包括空气压缩机电机、方向机助力油泵电机和主电机的降温风扇等。

辅助 DC/AC 主要技术参数：

型号：DBP5K220 - B 型；

额定功率：5 kW；

额定输出电压：AC220 V；

过载功率：30%（1 min）；

输入电压范围：320 ~ 720 V DC；

输出电压范围：AC220 V ± 10% AC；

冷却方式：风冷；

总重量：< 55 kg；

体积：< 440 mm × 296 mm × 430 mm。

3.2.6 空调系统

BJ6123C7C4D 纯电动客车装备了 WGKD36B 型电动客车冷暖一体化全顶置空调，这是国际上首次成功研制出采用涡旋式压缩机的电驱动空调，该空

第3章 BJ6123C7C4D纯电动客车结构与原理

调通过直交逆变电源的模块控制,实现电动涡旋式压缩机无级变频启动、基频制冷和降频保持等过程,改变传统大客车空调控制模式,节能效果显著;应用全封闭式涡旋压缩机,采用全焊接连接方式组成整体全封闭式无漏点系统,解决了车用空调的制冷剂泄漏和轴封技术难题,同时简化了安装;应用热泵循环原理,通过增加四通换向阀及调整相应的控制方式,进行制冷、制热模式切换,实现车用空调的冷暖一体化;采用两台"涡旋式压缩机"、两套冷凝器和蒸发器构成两个独立系统,可以同时启动也可以单独启动,实现了空调效果与节能的有机结合。

图3-33、图3-34所示分别为一体化冷暖电动空调和一体化冷暖电动空调系统原理图。

图3-33 一体化冷暖电动空调

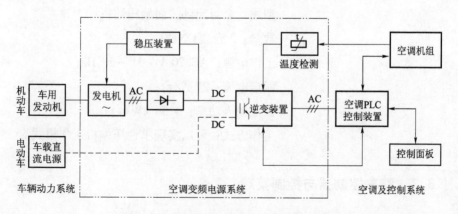

图3-34 一体化冷暖电动空调系统原理图

笔记

空调系统基本性能参数如下：

1. 空调

额定制冷量（大卡）：31 000 kcal/h；

额定制热量（大卡）：25 000 kcal/h（相对环境温度：-15 ℃）；

送风量：6 000 m³/h；

冷凝风量：10 000 m³/h；

制冷剂：R407C；

制冷剂充注量：(5.4±0.1)×2 kg；

润滑油：POE；

标准输入功率：11.6 kW；

控制电源：DC24 V/5 A；

控制模式：可编程控制；

显示模式：数字显示；

逆变器输入电源范围：DC 300 ~ 720 V；

车厢内温度调节范围：15 ℃ ~ 30 ℃；

噪声：≤70 dB；

机组外形尺寸（长度×宽度×高度）：4 250 mm×1 920 mm×276 mm；

机组重量：480 kg。

2. 压缩机

型式：全封闭卧式涡旋压缩机；

数量：2 台/台空调；

工作电源：AC220 V - 3P - 50 Hz；

额定电流：27 A/台；

额定输入功率：4.54 kW/台；

工作方式：可以实现单台压缩机工作模式。

3.3 整车控制器与控制策略

BJ6123C7C4D 纯电动客车具备基于总线技术的

信息共享及系统间协调控制、整车故障诊断、报警和分级保护等功能。

 笔记

3.3.1 整车控制器

图3-35所示为BJ6123C7C4D纯电动客车所使用的整车控制器。

图3-35 纯电动客车整车控制器

BJ6123C7C4D纯电动客车整车控制器的功能如下。

（1）系统协调控制：根据电池管理系统提供的能量信息，保证车辆在正常模式行驶、安全模式（能量低时提前报警）、强制停车。

（2）对整车各个系统进行监控：检测整车各个系统信息，并进行报警。

（3）整车信息故障报警：网络节点通信故障监控功能，对全车信息进行故障分析，并报警。

（4）信号采集：采集驱动踏板有效信号，采集驱动踏板行程信号，采集动踏板有效信号，采集制动踏板行程信号；采集D挡信号，采集N挡信号，采集R挡信号，采集强制空挡信号、采集自动挡信号、采集强制1挡信号、采集强制2挡信号；采集高

笔记

压接触器闭合命令信号、采集空气断路器闭合命令信号、采集空气断路器断开命令信号。

（5）总线通信：通过 CAN 总线采集整车各个零部件的状态信息，基于整车状态实现优化控制，并将控制命令按照通信协议发送到 CAN 总线上。

（6）电池保护：根据电池的能量状态、单体电池最低电压、电池温度来智能控制电池的放电功率；充电互锁控制功能。

3.3.2 控制策略

1. 整车控制策略

整车控制策略主流程如图 3-36 所示。

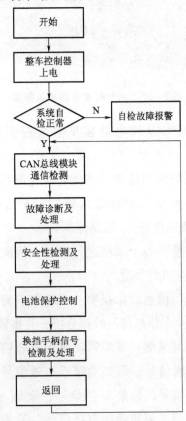

图 3-36 整车控制策略主流程

第3章　BJ6123C7C4D纯电动客车结构与原理

整车控制策略以整车控制器为载体，通过 CAN 总线通信网络实现对各个部件的协调控制。整车控制策略的功能主要包括对整车控制系统进行自检、对 CAN 总线模块通信进行检测、故障诊断及处理、安全性检测及处理、电池保护控制以及换挡手柄信号检测及处理等。

 笔记

2. CAN 总线模块通信检测

CAN 总线模块通信检测的子流程。该模块采集电机控制器、电池管理系统、AMT 控制单元及车身主控制单元的生命信号，通过与上次生命值的比较，判断 CAN 通信是否正常，如果通信异常，则发出通信异常报警信号；如果通信正常，再检测总线上 5 个节点的状态是否正常，若状态异常，则发出通信异常报警；节点状态正常时，进入故障诊断及处理环节。

3. 故障诊断及处理

故障诊断及处理子流程：该子模块主要是通过对各个部件的状态参数进行分析，判断各部件存在的故障情况，并根据不同的故障制定不同的处理措施，以提高行车安全性及车辆的使用寿命；如果各部件均诊断无误，则进入安全性检测及处理环节。

4. 安全性检测及处理

安全性检测及处理子流程：该模块主要检测各部件绝缘是否正常。若绝缘存在异常，则根据总电流和高压开关的状态进行电机降功率运转或断开高压开关等处理措施，保证安全性；若绝缘正常，再判断充电插头是否断开。如果没有断开，则进行充电互锁；如果已经断开，子模块会发出闭合高压开关通断继电器的指令并进入电池保护控制环节。

5. 电池保护控制

电池保护控制的子流程：该模块主要采集电池

笔记

SoC 状态、最低及最高单体电池电压、电池最高温度等信息，通过查询各状态的规则表，确定符合各种状态规则的最大充电电流、最大放电功率、电机峰值功率和最大再生制动功率等参数值，并进入换挡手柄信号检测及处理环节。

6. 换挡手柄信号检测及处理

换挡手柄信号检测及处理子流程：该模块通过采集车速、电机转速、不同挡位手柄信号等信息，制定不同的处理措施并发送给 AMT 控制器和电机控制器，同时给电机控制器发送电机峰值功率值和最大再生制动功率值数据，最后返回主流程的 CAN 总线模块通信检测环节。

Chapter 4 第4章 纯电动乘用车原理

4.1 迷迪 BJ6438EVAA3 纯电动乘用车原理

笔记

图 4-1 所示为迷迪 BJ6438EVAA3 纯电动乘用车。

图 4-1 迷迪 BJ6438EVAA3 纯电动乘用车

4.1.1 整车基本参数

迷迪 BJ6438EVAA3 纯电动乘用车整车参数如表 4-1 所示。

表 4-1 迷迪 BJ6438EVAA3 纯电动乘用车整车参数

项 目		规格数据
轴距/mm		2 695
电机型号		YTD 030 W01
电池型式		磷酸铁锂
减速器	型号	ZME01A
	速比	8.054
传动轴	型式	不等长等速驱动半轴结构,轮边端采用球笼万向节
制动系型式	行车制动	前盘后鼓,真空助力
	驻车制动	机械操纵式轮边制动,拉线作用于后轮

第4章 纯电动乘用车原理

续表

项目		规格数据
制动系型式	制动液型号	长城 V3 制动液
	制动液容量	1.8 L（参考容量），补加制动液至最大液面刻度线处
	制动系型式	制动力调节型式四通道 ABS + EBD
悬架装置型式	前	L 形臂式麦弗逊独立前悬架
	后	纵臂扭杆式独立后悬架
转向	转向器型式	齿轮齿条带液压助力，两级吸能式，双万向节
	传动比	机械转向机线角传动比：31.9 mm/r 动力转向机线角传动比：42.83 mm/r
	动力转向液容量/L	（0.9~1.2）L，8#液压油或相当产品（DEXRON Ⅲ）
车轮	轮胎型号	185/70R14
	前轮气压/kPa	250
	后轮气压/kPa	300
前轮定位参数	前轮前束	单边 0′±2.5′
	主销内倾	10°30′±1°，左右差≤1°
	主销后倾	2°10′±45′，左右差≤45′
	车轮外倾	0°±30′，左右差≤30′
	前轮内转角	≥31°
	前轮外转角	≥29°
后轮定位参数	车轮外倾	−1°25′±30′，左右差≤30′
	后轮前束角单边	−15′±15′
外廓尺寸/mm	长	4 288
	宽	1 725
	高	1 728
前/后轮距/mm		1 420/1 440
前悬/mm		830
后悬/mm		763

续表

项　目	规格数据
满载最小离地间隙/mm	124
接近角/(°)	16
离去角/(°)	24
整备质量/kg	1 550
满载质量/kg	2 000
车身	全钢结构承载式车身
准乘人数/人	6

4.1.2　整车的系统构型

迷迪 BJ6438EVAA3 纯电动乘用车系统构型如图 4-2 所示。

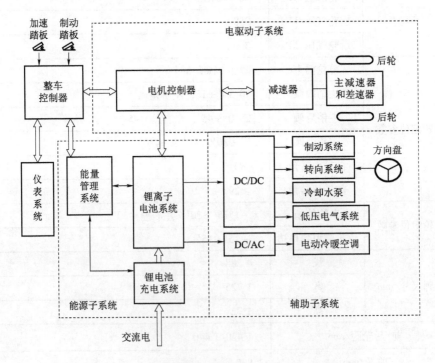

图 4-2　迷迪 BJ6438EVAA3 纯电动乘用车系统构型

4.1.3 整车高压原理

迷迪 BJ6438EVAA3 纯电动乘用车高压原理如图 4-3 所示。

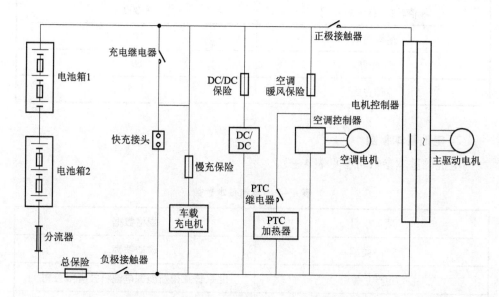

图 4-3 迷迪 BJ6438EVAA3 纯电动乘用车高压原理

4.1.4 迷迪 BJ6438EVAA3 纯电动乘用车关键部件简介

1. 电机基本参数

电机的基本参数可参见表 4-2。

表 4-2 电机基本参数

项 目	规格数据
电机系统类型	永磁同步电机系统
电机本体型号	YTD030W01
电机控制器型号	KM6025W01
系统输入电压范围/V	330~460
额定功率/kW	30
峰值功率/kW	60

续表

项　　目	规格数据
额定转速/(r·min⁻¹)	3 000
峰值转速/(r·min⁻¹)	8 000
绝缘等级	F
工作制	S9
冷却方式	水冷

2. 电池基本参数

电池的基本参数可参见表 4-3。

表 4-3　电池基本参数

项　　目	规格数据
产品类型	磷酸铁锂
生产厂家	北京普莱德新能源电池科技有限公司
能量/(kW·h)	19.2
整组比能量/(W·h·kg⁻¹)	90（按电池系统总成计算）
单体比能量/(W·h·kg⁻¹)	110（按单体计算）
循环寿命/次	1 500（整组预计）
容量(A·h)/电压(V)	50/384
模块尺寸/mm	29×135×220
电池组重量/kg	280
电压输入范围/V	300~438
冷却形式	风冷
电池管理系统规格	EV03

3. 组合仪表

迷迪 BJ6438EVAA3 纯电动乘用车组合仪表如图 4-4 所示。

第4章 纯电动乘用车原理

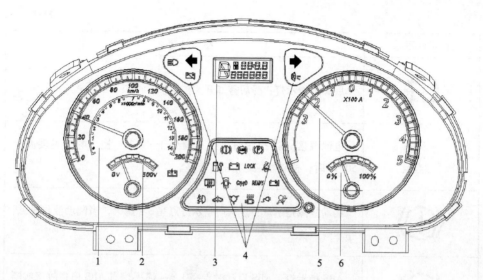

图4-4 迷迪BJ6438EVAA3纯电动乘用车组合仪表
1—车速表；2—电压表；3—里程表；4—指示灯；5—电流表；6—电量表

迷迪BJ6438EVAA3纯电动乘用车组合仪表指示灯定义如表4-4所示。

表4-4 组合仪表指示灯定义

指示灯图标	指示灯定义
≡D	远光指示灯：受组合开关大灯控制
高压电池图标	高压电池断开指示灯：点火锁处于"ON"挡，高压电池断开时（控制开关打开），指示灯点亮
←	左转向指示灯：受组合开关转向控制
→	右转向指示灯：受组合开关转向控制
R	倒车指示灯：倒车时亮

续表

指示灯图标	指示灯定义
	后雾灯指示灯：受后雾灯开关控制
	电池温度过热指示灯：点火锁处于"ON"挡，电池温度高于50 ℃时，控制器驱动指示灯点亮
	制动故障指示灯：点火后指示灯点亮3 s熄灭，当制动液位过低，指示灯点亮
	ABS指示灯：ABS启动时点亮1.6 s熄灭，当ABS出现故障或断开时灯亮
	手制动指示灯：手刹拉起，亮；手刹放下，灭
	高压电池充电指示灯：剩余电量低于15%时，表明需要充电，该指示灯以0.5 Hz的频率闪烁；另外，点火锁不管处于何种挡位下（常电），高压电池在充电时，该指示灯应该被点亮，高压电池充电结束，该指示灯熄灭
	蓄电池充电指示灯：DC/DC错误时，指示灯点亮
LOCK	互锁信息指示灯：互锁回路断开，车辆不能行驶，控制器驱动该指示灯点亮
	安全带报警指示灯：安全带报警指示灯亮，驾驶员系好安全带后灭
	后除霜指示灯：后除霜开关按下时点亮，直至延时8 min ± 2 min后熄灭

第4章 纯电动乘用车原理

续表

指示灯图标	指示灯定义
	门开指示灯：车门关，灭；车门开，亮
CrpgD	爬电距离指示：爬电距离低时，该指示灯被点亮
READY	行车准备就绪指示灯：点火锁处于"ON"挡，系统运行正确，车辆可以行驶时，控制器驱动该指示灯点亮，行驶时，该指示灯熄灭
	高压电池错误指示灯：点火锁处于"ON"挡，高压电池出现错误时，指示灯点亮
	前雾灯指示灯：前雾灯打开时点亮
	系统错误指示灯：点火锁处于"ON"挡，控制系统出现错误，指示灯点亮
	真空度报警指示灯：真空度过低时点亮
	电机和控制器过热指示灯：点火锁处于"ON"挡，电机或控制器出现过热的情况，控制器驱动该指示灯点亮
	充电线连接指示灯：充电线连接上电池包时，该指示灯点亮（常电可以点亮）
	安全气囊指示灯：安全气囊出现故障或断开的情况灯亮

4.2 北汽 E150EV 纯电动乘用车

4.2.1 整车基本参数

北汽 E150EV 纯电动乘用车常用技术参数如表 4-5 所示。

表 4-5 北汽 E150EV 纯电动乘用车常用技术参数

项　　目		参　　数
驱动形式		前置前驱
长×宽×高（空载）/mm		3 998×1 720×1 503
前后轮距/mm		1 460/1 445
轴距/mm		2 500
整备质量/kg		1 370
乘坐人数/人		5
前悬架类型		麦弗逊式
最小转弯回转直径/m		≤11
后悬架类型		H 形力矩梁式
转向助力类型		电动助力
整车整备质量		1 370
最大设计总质量		1 745
等速百公里 60 km/h 时，耗电量/(kW·h·km^{-1})		≤18
综合工况耗电量/(kW·h·km^{-1})		≤24
等速百公里 60 km/h 时，续驶里程/km		不小于 120
最高车速/(km·h^{-1})	持续	100
	短时	115
最大爬坡度/%	持续	≥20
驱动电机/kW	额定功率	20
	峰值功率	45
动力电池	电压/V	326
	容量/A·h	66

4.2.2 北汽 E150EV 纯电动乘用车关键部件简介

 笔记

1. 组合仪表

北汽 E150EV 纯电动乘用车组合仪表如图 4-5 所示。

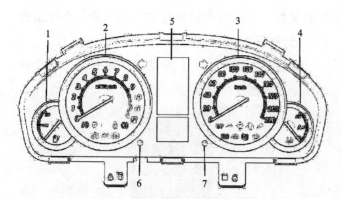

图 4-5 北汽 E150EV 纯电动乘用车组合仪表
1—电量表；2—转速表；3—车速表；4—电流表；
5—LCD 液晶显示；6—清零按钮；7—按钮 B

1) 电量表

电量表的指针所指向的位置指示了汽车动力蓄电池当前的电量值。可指示的范围为：0~100%。当指针指向表盘中的红色区域时，表示动力蓄电池电量低。

2) 转速表

转速表的指针所指向的位置指示了汽车驱动电动机当前的转动速度。可指示的范围为 0~12 000 r/min。当指针指向表盘中的红色区域时，表示汽车电动机的转速过高。

3) 车速表

车速表的指针所指向的位置指示了汽车当前的速度。可指示的范围为：0~220 km/h。

4) 电流表

电流表的指针所指向的位置指示了汽车动力蓄电

笔记

池当前的电流值,可指示的范围为: -150~300 A。正值表示动力蓄电池放电电流数值,负值表示动力蓄电池充电电流数值。

5) LCD 液晶显示

液晶显示包含以下信息:数显车速、保养里程、续航里程、电压表和报警信息、总里程、小计里程1、小计里程2、时间和挡位。

默认初始界面如下。按显示区域划分为 5 个区域显示,如图 4-6 所示。

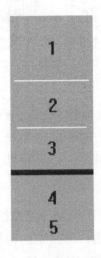

图 4-6 LCD 液晶显示

区域 1:数显车速、保养里程、续航里程。

(1) 数显车速:显示实际车速值,显示精度为 1 km/h,最高位为零时不显示零。显示范围和车速表一致,为 0~220 km/h。

(2) 保养里程:显示精度为 1 km,最高位为零时不显示零,默认初始值为 5 000 km。

当保养里程为 0 时,仪表会同时显示"请保养车辆"提醒。通过按钮可以复位保养值为 5 000 km。

(3) 续航里程:显示精度为 1 km,最高位为零时不显示零,此数值仅作为行车参考。

第4章 纯电动乘用车原理

 笔记

区域2：电压表和报警指示信息。

（1）电压表：当仪表没有报警信息在 LCD 显示时，区域 2 显示动力蓄电池电压值，显示精度为 1 V，最高位为零时显示零。

（2）报警指示信息：报警指示信息可通过长按按钮"B"（见组合仪表图 4-5 中位置 7 所示）确认关闭报警信息显示，当报警条件消失后又重新激活或仪表重新唤醒后，报警信息重新显示。

仪表可显示以下报警及指示信息（部分内容）：通信故障、定速巡航、ABS 故障、EBD 故障、行李箱未关和保养车辆。

各报警指示信息的条件和现象（部分内容）如表 4-6 所示。

表 4-6 报警指示信息

报警指示信息	条件	现象
通信故障	检测到 VCU 生命信号消失、重复、累加错误等情况	LCD 液晶区域 2 显示"通信故障"
定速巡航	开启定速巡航	LCD 液晶区域 2 显示"定速巡航"
ABS 故障	ABS 故障	LCD 液晶区域 2 显示"ABS 故障"
EBD 故障	EBD 故障	LCD 液晶区域 2 显示"EBD 故障"
行李箱未关	行李箱未关	LCD 液晶区域 2 显示"行李箱未关"
保养车辆	保养里程为 0	LCD 液晶区域 2 显示"请保养车辆"

注：报警指示信息会根据批次不同有所增减与变化。

区域3：总里程、小计里程1、小计里程2。

（1）总里程模式：总里程是对该汽车从出厂后开始的一切行驶里程的累积，不能通过按钮进行清零设置。总里程的数字有效位为 6 位，精度为 1 km，最高位为零时显示零。显示范围为 0~999 999 km，且达到最大值时，会停留在 999 999 km 位置。

笔记

图4-7为汽车的总里程显示情况。

图4-7 总里程显示情况

(2) 小计里程：小计里程1和小计里程2的数字有效位为4位，精度为0.1 km，最高位为零时显示零。显示范围为0~999.9 km，且到最大值时，会翻转并重新从0.0开始计算小计里程。如果电池断电时间较长，小计里程显示应当复位到0.0。车辆停止时，小计里程停止计算。按下清零按钮（见组合仪表图4-5中位置6所示）的时间大于2 s将清零小计里程。

汽车小计里程显示如图4-8所示。

图4-8 小计里程显示

区域4：时间。

时钟显示：可以通过按钮调节（具体见下面的模式切换）对时钟的年月日时分进行分别设置。

区域5：挡位。

挡位显示：汽车处于启动状态时，挡位按照设置值显示。车辆停止时，如果钥匙未拔充电，则挡位显示关闭。

备注：选装功能。在配置倒车雷达车辆进行倒车时，区域1、区域2和区域3显示倒车雷达方位和距离，如图4-9所示。

图4-9 倒车雷达显示

北汽E150EV纯电动乘用车组合仪表指示灯说明可参见表4-7。

表4-7 组合仪表指示灯说明

符 号	名称	颜色	点亮条件	故障分析及处理
←	左转向指示灯	绿色	左转向打开	
→	右转向指示灯	绿色	右转向打开	

续表

符　号	名称	颜色	点亮条件	故障分析及处理
≣D	远光指示灯	蓝色	远光灯打开	
⫶D	前雾灯指示灯	绿色	前雾灯打开	
⫶Ǝ	后雾灯指示灯	黄色	后雾灯打开	
⊞	蓄电池充电指示	红色	当启动开关接通，且蓄电池充电中或者蓄电池充电中发生故障时	如果指示灯持续点亮，或在行驶过程中点亮，表示充电系统发生故障，应检修或与授权服务商联系
🚗	门开指示灯	红色	驾座门/乘客门/行李箱任意门开时	
🧍	安全带未系指示灯	红色	当启动开关接通，驾驶员安全带未系或者乘客安全带未系且乘客座有人时	在驾驶员安全带未系时点亮；在配置副驾驶座椅传感器的车辆上若副驾驶坐人，且安全带未系时报警
💺	安全气囊故障指示灯	红色	当启动开关接通，且安全气囊发生故障时	如果报警灯没有按照所述的方式显示及熄灭，或在行驶过程中报警灯显示，表示系统有故障。应当尽快送至授权服务商检查
*🚗	车身防盗指示灯	红色	车身防盗打开时	当车辆落锁后指示灯常亮表示门锁已上锁，当用遥控钥匙设防时，指示灯先快闪后慢闪 此功能需安装相应的安装部件

第4章 纯电动乘用车原理

续表

符号	名称	颜色	点亮条件	故障分析及处理
(P)	手刹制动	红色	手刹制动打开	
(!)	制动系统故障指示灯	红色	当启动开关接通,且制动系统发生故障时	如果报警灯没有熄灭或在行驶过程中显示,表示制动系统有故障。应在确保安全的条件下立即停车。不要反复踩踏制动踏板,应立即与授权服务商联系
充电插头图标	动力蓄电池充电提醒（电量不足报警）	黄色	当启动开关接通,且当动力蓄电池电量低于30%,动力蓄电池充电提醒灯点亮。高于35%,动力蓄电池充电提醒灯熄灭	如果报警灯点亮,表示动力蓄电池电量不足,有可能不能满足驾驶里程的需求,需要尽快进行充电操作
车+HV电池	动力蓄电池故障指示灯	红色	当启动开关接通,且动力蓄电池故障时	如果在行驶过程中报警灯点亮,表示动力蓄电池系统出现故障,应尽快靠边安全停车,与授权服务商联系
车+HV电池（切断）	动力蓄电池切断故障指示	黄色	当启动开关接通,且动力蓄电池切断时	如果在行驶过程中报警灯点亮,表示动力蓄电池不能提供动力来源,应尽快靠边安全停车,与授权服务商联系
电机+车	电机及控制器过热指示灯	红色	当启动开关接通,且电机及控制器过热时	如果在行驶过程中报警灯点亮,表示电机及控制器过热,应尽快靠边安全停车,与授权服务商联系

续表

符　号	名称	颜色	点亮条件	故障分析及处理
(充电插头图标)	充电线连接指示灯（充电口盖开启）	红色	当充电线连接时	如果指示灯点亮，说明充电口的开关打开，应检查充电口开关的状态。如果充电口闭合而报警灯点亮，应与授权服务商联系
READY	运行准备就绪指示灯	绿色	当启动开关接通，且运行准备就绪时	
(汽车感叹号图标)	系统故障指示灯	红色	1. 当启动开关接通，且检测到动力蓄电池切断、动力蓄电池故障、动力蓄电池绝缘电阻低、电机及控制器过热、EPS故障、挡位故障、ABS故障或电池烟雾报警故障之一时，指示灯点亮；2. 当启动开关接通，出现系统通信故障，指示灯闪烁	1. 如果在行驶过程中报警灯点亮并伴有警示音（参加声音报警说明），表示相关系统出现故障，应尽快靠边安全停车，与授权服务商联系；2. 如果报警灯闪烁并报警音长鸣，表示系统总线通信故障，必须尽快靠边安全停车，与授权服务商联系
(电池HV+汽车图标)	动力蓄电池绝缘电阻低指示灯	红色	当启动开关接通，且动力蓄电池绝缘电阻低	如果报警灯点亮，表示动力蓄电池绝缘性能降低，应尽快靠边安全停车，与授权服务商联系

第4章 纯电动乘用车原理

续表

符　　号	名称	颜色	点亮条件	故障分析及处理
ECO	ECO 指示灯	绿色	当启动开关接通后,车辆处于最佳行驶节能状态时,指示灯点亮	
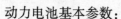+挡位字段闪烁	挡位故障指示灯	红色	当启动开关接通,且挡位发生故障时	如果报警灯点亮并且挡位字段闪烁,表示挡位出现故障,应尽快靠边安全停车,与授权服务商联系

2. 动力蓄电池

动力蓄电池包是由动力蓄电池组、电池管理模块(BMS)、蓄电池箱以及相应附件有机组合构成的,具有从外部获得电能并可对外输出电能且具有电池管理功能的单元,简称蓄电池包。

 笔记

动力电池基本参数:

类型:磷酸铁锂电池;

容量:66 A·h;

标称电压:326 V;

电量:21.5 kW·h。

4.3 长安 E30 纯电动出租车

4.3.1 整车基本参数

长安 E30 纯电动出租车主要技术参数如表 4-8 所示。

表 4-8 长安 E30 纯电动出租车主要技术参数

整车整备质量/kg	1 610
最大总质量/kg	1 985
乘员人数/人	5

续表

总长/mm		4 434
总宽/mm		1 708
总高/mm		1 471
轴距/mm		2 600
轮距/mm	前	1 470
	后	1 470
前悬/mm		886
后悬/mm		945
最高车速/(km·h^{-1})		125
最大爬坡度/%		≥30
最小转弯直径/m		10.5
最小离地间隙		120（满载）
0~100 km 加速时间/s		≤15

4.3.2 长安 E30 纯电动出租车关键部件简介

1. 组合仪表

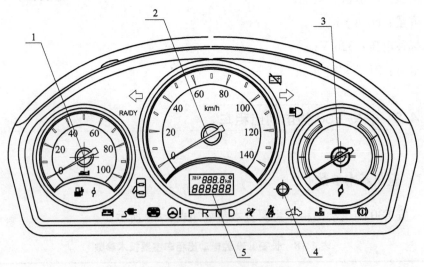

图 4-10 长安 E30 纯电动出租车组合仪表
1—荷电状态表；2—车速表；3—效率表；4—调节按钮；5—液晶显示屏

笔记

1) 电量表

电量表以百分比的方式指示，当旋转点火开关至"ON"挡时，此表指针在 0~100 之间旋转，指示动力蓄电池的剩余工作容量，以百分比显示。

2) 车速表

当车辆在行驶时，车速表显示车辆对应的车速。车速表显示车速的单位是 km/h，指针指示范围是 0~140 km/h，最小分度值为 10 km/h。

3) 效率表

当车辆行驶时，效率表显示整车在工作过程中的驱动效率。指针工作在左侧红色区域，表示车辆处于整车电能消耗状态，指针偏转角度越大，表示效率越高；当行驶过程中进行车辆制动减速，指针偏转向右侧绿色区域，表示在进行制动能量回收。

4) 里程表

液晶显示屏位于车速表的下侧，包含 TRIP 里程、总行驶里程，如图 4-11 所示。

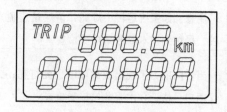

图 4-11 里程表

2. 指示灯、警示灯

表 4-9 所示为指示灯与警示灯的说明。

表 4-9 指示灯与警示灯

符号	名称	说明
READY	系统准备就绪指示灯	当点火开关旋转至"START"挡后松开，等待约 2~3 s "READY"灯亮，表示用户可以进行换挡行车操作

续表

符号	名 称	说 明
	充电连接指示灯	将进行车辆充电时,将充电装置正确连接后,仪表上此灯亮起,显示充电连接线已连接
	充电指示灯	在整车进行充电时,此灯亮,显示正在充电中
	低电量警示灯	动力电池系统电量低于20%时,此灯亮 注意:若此灯亮,表示动力电池处于低电量状态,此时应及时到充电站充电
	系统故障警告灯	在正常情况下,若将点火开关打到"ON"位置,系统故障警告灯亮,约2 s后熄灭。动力系统出现异常时,灯亮 若灯亮显示为黄色,表明系统故障级别较低;此时应尽可能降低车速行驶,并关闭非必需的低压用电器,将车辆行驶至附近的服务站进行检修 若显示灯为红色,表明系统故障级别较高,用户应尽快将车辆开至安全位置,并将点火钥匙打到"OFF"挡,尽快与技术服务站进行联系 注意:如系统运转中灯亮,请尽量避免高速行驶,尽快到技术服务站接受检查
	转向助力故障警告灯	当转向助力系统出现故障时,此灯亮;此时建议用户尽快到技术服务站接受检查

第 5 章
Chapter 5   电动汽车驾驶操作要领

5.1 电动环卫车驾驶操作要领

 笔记

5.1.1 车辆行驶前的检查

1. 驾驶室外部

（1）检查轮胎气压和损伤情况。

（2）检查车灯是否正常有效。

（3）检查底盘钢板弹簧是否损伤。

（4）检查各蓄电池内的电解液位是否正常。如果车辆使用的是免维护蓄电池，不需要检查电解液位。

（5）检查整车油、水、制动液是否有泄漏。

（6）检查电池箱是否可靠锁止。

2. 驾驶室内部

（1）检查方向盘的自由行程和稳固情况。

（2）检查驻车制动手柄的行程是否正常。

（3）检查喇叭、挡风玻璃刮水器和转向信号灯能否正常工作。

（4）检查各仪表和指示灯能否正常工作。

（5）检查各后视镜的设定角度是否适当。

（6）检查储油杯内制动液的液位是否正常。液面应位于 MIN 与 MAX 之间。

（7）检查车门锁紧机构能否正常工作。

（8）检查制动踏板的自由行程和功能。

5.1.2 车辆的启动

1. 电机启动前的准备

（1）闭合车辆侧面的低压开关。

（2）检查是否拉起驻车制动（阀）手柄。

（3）确认变速器操纵杆（位于驾驶室座椅后方）

在行驶挡上。

（4）将挡位开关置于空挡位置上（开关处于水平位置即为空挡）。

2. 电机系统的启动

（1）钥匙开关打到工作挡（ON）。

（2）至少暂停 2~3 s，该过程为各控制器上电过程。检查各种仪表指示是否正常。

注意：禁止不经暂停直接打到"START"挡，否则系统可能无法正常启动。

（3）转动开关（钥匙）到"START"（启动）位置，整车高压系统上电（8 t 和 16 t 车型应为闭合高压开关）。

注意：① 钥匙拧到"STAR"挡后会自动返回"ON"挡；② 电动汽车驱动电机无怠速，整车高压系统通电后，若系统无故障，挂挡后踩油门踏板，车辆可行驶。

（4）故障灯亮时应立即停车，按上述（1）~（3）步重新启动系统。

5.1.3 车辆的行驶

1. 加速

踩下油门踏板。

注意：为避免不必要的能量消耗，应根据需要适当而平稳地操作油门踏板。

2. 减速

踩下制动踏板。

注意：为避免急剧制动，应平稳地操作制动踏板。当驶下长坡时，建议使用电机辅助制动，必要时用脚踩制动踏板。

3. 换挡

挡位开关是 3 挡选择开关：D 挡按下，车辆前

笔记

笔记

进；R挡按下，则为倒车；中间状态为空挡N（8 t和16 t车型应采用传统车的手动换挡方式）。

5.1.4　车辆的停止

1. 电机停转

（1）拉起驻车制动器，挡位开关置于空挡位置。

（2）将启动开关拧转到"LOCK"（锁固）的位置（8 t和16 t车型应先断开高压开关）。

注意：断开高压开关后，应尽快将低压开关断开，以免车内用电设备将蓄电池电量放光，造成车辆无法启动。

2. 停车

当离开无人看管的车辆时，应：

（1）拉起驻车制动手柄或驻车制动阀手柄。

（2）将挡位开关置于空挡。

（3）拧转启动开关钥匙至"LOCK"（锁固）位置（8 t和16 t车型应先断开高压开关）。

（4）取走钥匙。

（5）关闭所有的窗户并锁上所有的门。

（6）检查并确保灯已熄灭。

（7）如将车辆停放在斜坡上且无人看管时，必须垫好车轮挡块。

危险：① 不要将无人照看的儿童单独留在车内，儿童可能会操作车辆上的控制装置而导致事故。② 中途停车，要选择合适、安全的停车地点。

5.1.5　车辆的存放

长时间存放

（1）经常清洗尘土和检查电动车外部，进行防锈和除锈。

（2）停驶一个月以上时，应将车辆架起，解除前、后悬挂及轮胎的负荷。

（3）每月对动力电池进行一次补充充电。

（4）每月检查一次电气仪表、制动、转向等机构的动作情况，检查各轮胎气压，发现不足时应补充充气。

 笔记

5.1.6 驾驶安全须知

（1）行车前应确认挡位操纵杆在挂上挡的位置。

（2）电动车启动时，不允许先踩加速踏板，后闭合高压开关。

（3）电动车高压接通后，原地打方向盘，应有助力效果。

（4）如果行车中发现异常声音和臭味时，应停车检查，并找出引起故障的原因。

（5）如果行车中发现指示灯不正常时，应停车检查并找出引起故障的原因。

（6）电动车行驶时，一般情况下都不要猛加速、猛减速，尽可能保持匀速行驶或间断滑行。当高速行驶需要减速时，应轻踩制动踏板用电制动进行减速。如需车辆停止时，则继续踩下踏板进行电和气压制动或用驻车制动器使车辆停住。

（7）不允许在车辆行驶状况下，搬动车辆前进/后退开关。

（8）应注意控制器、接触器及所有接线端子的清洁和保护，严禁掉入金属杂物及水滴等物体。

（9）电动车在雨天行驶时，涉水深度不能超过150 mm，涉水时行驶速度不应超过 5 km/h。在车辆涉水之后，要检查后桥和变速箱的齿轮油里是否进水。如果有水时，应全部更换规定牌号的齿轮油。在大雨中行驶或通过浅的河流后，开车必须特别小心，因为弄湿的制动器会使制动力暂时变弱。

笔记

（10）下坡行驶时，要密切注意，防止电动机超速运转。

（11）若需拖车，应挂入空挡（车辆座椅后的挡位手柄），否则反拖电机可能会造成电机及电机控制器烧损。

（12）电动车转向时，方向盘转到极限位置后不能再继续用力转动方向盘，也不允许长时间使方向盘处于转动的极限位置。

5.2 BJ6123C7C4D 纯电动客车驾驶操作要领

5.2.1 车辆行驶前的检查

（1）检查电动车的绝缘状况应不低于规定的绝缘值，即当周围空气相对湿度在 75%～90% 时，电动车的总绝缘值不低于 3 MΩ。

（2）转动方向盘，检查方向盘的自由行程，自由转动量不大于 15°，检查转向机构工作情况有无松开卡阻等现象。

（3）检查空气压缩机、电动机的皮带松紧度，需要时进行调整和紧固，检查空气压缩机组的工作情况。

（4）检查高、低压电源电压是否正常：闭合高压开关、低压开关，低压电压表应为 27 V±0.5 V，动力电池电压不低于 388 V。

（5）检查助力油泵的工作情况和助力油罐的油面高度。

（6）检查电制动、气制动和驻车制动的工作是否正常，管路有无漏气现象，应按技术要求进行检查，即气压为 700 kPa，各气动件不工作情况下，经过 30 min 后，气压不应低于 600 kPa；气制动系统的气压由 0 升至 400 kPa 的时间，不应超过 4 min。

（7）检查车门机构的工作情况，开关动作是否正确。

（8）检查驾驶室中各种开关、手柄、踏板位置、动作的正确性，自动空气断路器操作是否灵活可靠。

5.2.2　启动、行驶及制动

（1）首先确认换挡开关置于空挡（N 挡）位置，接通低压电源，此时空气压缩机开始工作，观察气压表显示气压达到 0.8 MPa 空气压缩机停止工作后，闭合高压自动开关（闭合高压自动开关时切勿踩加速踏板），检测 DC/DC 逆变器是否有 27 V ± 0.5 V 的输出，关闭车门。

（2）选择空气悬架行驶高度 1 或 2。

（3）电动车启动时，应先把换向开关置于前进（D 挡）或后退（R 挡）位置上，接通转向助力油泵，松开驻车制动，然后慢慢地踩下加速踏板；在上坡道上启动时，手制动应在踩下部分加速踏板之后释放（或同步或稍后）。

注意：当驻车制动未解除时，即停车信号灯未熄灭前（气压小于 600 kPa 时），严禁启动电动车行驶。

（4）运行时要控制乘客人数，不宜超载，以防止增加车身整体结构负荷，缩短车辆使用寿命。在不良的道路（碎石公路）上行驶时必须减速，一般不得超过 20 km/h，通过坑洼路面时应通过操纵空气弹簧短时间提高车辆底架高度。

5.2.3　停驶与拖拽

（1）驾驶员下车停驶时，应先切断自动空气断路器。

 笔记

笔记

(2) 电动车需要拖拽时，应先将前进/后退开关置于中间（N 挡）位置并解除驻车制动。

5.2.4 驾驶安全须知

为使 BJ6123C7C4D 纯电动客车运行安全，延长使用寿命，使用车辆时，必须做到下列各点。

(1) 电动车启动时，不允许先踩加速踏板，后合空气自动断路器。

(2) 新电动车行驶时，必须经常注意前轴、驱动桥的轮毂、制动器的温度，如发现有不正常现象时，应及时找出原因，排除后才可继续行驶。新电动车的驱动桥、转向机油罐、空气压缩机、应在行驶到 1 000 km 时换油，以后按保养规程进行保养。

(3) 电动车行驶时，一般情况下都不要猛加速、猛减速，尽可能保持匀速行驶或间断滑行。当高速行驶需要减速时，应轻踩制动踏板用电制动进行减速。如需车辆停止时，则继续踩下踏板进行电和气压制动或用驻车制动器使车辆停住。

(4) 不允许在车辆行驶状况下，操作车辆前进/后退开关。

(5) 电动车行驶中，如发现有失控现象，应先切断自动空气断路器，然后用气制动停车，不能用关闭低压电气总开关的办法来关断控制器。

(6) 应注意控制器、接触器及所有接线端子的清洁和保护，严禁掉入金属杂物及水滴等物体。

(7) 电动车在雨天行驶时，涉水深度不能超过 150 mm，涉水时行驶速度不应超过 5 km/h。

(8) 自动空气断路器跳闸后，未经查出原因时，不允许再合闸强行启动。

(9) 电动车转向时，方向盘转到极限位置后不能再继续用力转动方向盘，也不允许长时间使方向

第5章　电动汽车驾驶操作要领

盘处于转动的极限位置。

（10）在行驶中除油路损坏外，不允许停用转向助力油泵，以便急转弯时保证有足够的转向力。

（11）拆卸检修高压电器部件时应拉出一箱电池，切断高压回路。

 笔记

5.3 迷迪 BJ6438EVAA3 纯电动乘用车驾驶操作要领

5.3.1 方向盘锁

钥匙在方向盘锁（点火开关）有如下4个位置。

（1）S：方向盘锁。切断点火开关后，转动方向盘直至其被锁住；方向盘有多个位置可被锁住，钥匙只能在 S 位置拔出。当需要解除方向盘锁止时，要转动点火钥匙，同时轻轻转动方向盘，注意用力要适度。

（2）A：电气附件工作位置。点火钥匙置于该位置时，便可使用电气附件。

（3）M：点火挡位置。

（4）D：启动位置。

图 5-1 所示为迷迪 BJ6438EVAA3 纯电动乘用车电机的启动及停机。

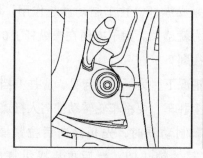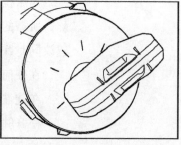

图 5-1　迷迪 BJ6438EVAA3 纯电动乘用车电机的启动及停机

笔记

5.3.2 电机启动

在电机启动前或启动过程中不要踩加速踏板。转动钥匙使故障指示灯和高压主接触器指示灯熄灭为止。

注意：在第一次启动失败后，应切断点火开关，等待 10 s，然后再按上述方法重新启动。

5.3.3 制动

1. 驻车制动器

图 5-2 所示为迷迪 BJ6438EVAA3 纯电动乘用车驻车制动器。

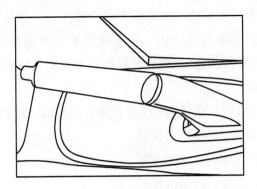

图 5-2 迷迪 BJ6438EVAA3 纯电动乘用车驻车制动器

向后拉紧操纵杆，驻车制动器起作用，坡度越陡，所需的力就越大。为了方便在操纵杆上的操作，建议同时踩住刹车。

在任何情况下，为了安全起见，应挂 1 挡。

在陡坡上驻车，要将车轮转动偏向人行道。

松开驻车制动器时，先稍微向后拉紧操纵杆，同时按下端部的锁止钮，然后再将操纵杆向前松到底。

在点火开关接通时，因驻车制动器处在抱紧状态或未彻底分开,所以信号灯会亮。

2. 迷迪 BJ6438EVAA3 纯电动 ABS（车轮防抱死系统）

迷迪 BJ6438EVAA3 纯电动乘用车 ABS 系统如图 5-3 所示。

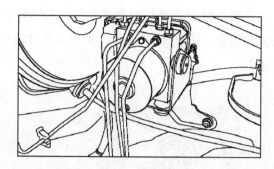

图 5-3 迷迪 BJ6438EVAA3 纯电动乘用车 ABS 系统

在紧急制动或在附着力较小的路面上制动时,ABS 可防止车轮抱死,从而提高行驶的安全性,同时保证了对方向的控制。

在行驶前或行驶途中,有一电子监控系统检验 ABS 主要电子部件的工作状态。接通点火开关时,ABS 指示灯会亮,并在几秒钟后熄灭。若 ABS 指示灯不熄灭则表明 ABS 系统有故障。同样,若在行驶过程中 ABS 指示灯常亮,则表明 ABS 系统停止了工作。

在上述两种情况下,车辆自身的机械制动系统还是可以正常工作的,但其就如同一辆没有 ABS 的车。为了恢复 ABS 的安全功能,建议尽可能快地去服务站检测维修。

在湿滑的路面上（砂石路、下雪、结冰等）,虽然 ABS 可改善制动的稳定性和制动时的转向性能,但并不是这样就能完全的保证安全,谨慎安全驾驶仍是必须的。

5.4 北汽 E150EV 纯电动乘用车驾驶操作

笔记

5.4.1 启动开关

在车辆行驶时不要拔出启动钥匙，否则将会导致方向锁啮合，不能转向。图 5-4 所示为启动开关示意图。

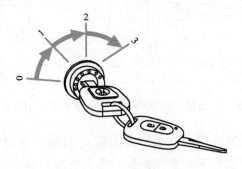

图 5-4 启动开关

启动开关位于转向柱右侧。它按照以下顺序可以操作方向锁，接通电路并启动驱动电动机。

1. 位置 0 （LOCK）

（1）拔下启动钥匙。

（2）方向盘锁。

（3）大多数电路不能工作。

2. 位置 1 （ACC）

（1）转向解锁。

（2）个别电器和附件可以工作。

3. 位置 2 （ON）

（1）所有的仪表、警告灯和电路可以工作，高压上电，进入行驶准备状态。

（2）解除方向锁，插入启动钥匙，在将启动钥匙向 1 挡位置转动时，稍微转动方向盘，可以解除方向锁。

（3）锁止方向盘，拔下钥匙后，转动方向盘，直到被锁止。

4. 位置3 备用功能

5.4.2 换挡

汽车换挡杆位置如图5-5所示。

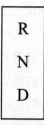

图5-5 换挡杆位置

挡位指示位于换挡杆手柄盖板上。

选择前进挡D。在换挡之前，请先踩制动踏板，否则挡位选择无效。

选择倒挡R。在选择倒挡前，确保车辆处于静止状态。然后，踩下制动踏板，轻轻压下手柄，再挂挡。

选择空挡N。在选择空挡前，确保车辆处于静止状态。

驾驶时的注意事项：

（1）在驾驶过程中，请勿将手放置在换挡杆上，手的压力可能导致换挡机构的过早磨损。

（2）启动车辆前请确认手柄处于N挡位置。

（3）在车辆运行过程中请勿换挡。

5.5 长安E30纯电动出租车驾驶操作

5.5.1 启动

启动前：

笔记

(1) 确保手刹已锁死；

(2) 换挡手柄处于"P"挡位置。

注意：坡度起步时必须拉手刹，否则带挡溜坡有烧毁电机控制器的可能。

启动时：

若需解开方向盘锁止，稍微转动方向盘然后把钥匙旋转到"ON"的位置；上电完成后（仪表显示Ready灯闪烁），应先挡位挂入"P"挡位置，之后再拧钥匙至点火开关的启动挡"START"，待Ready灯常亮以后，踩下制动踏板，再将换挡手柄由"P"挡置于"D"或"R"挡，放下驻车制动，轻轻抬起制动踏板，车辆进入蠕动行驶，通过踩加速踏板可实现正常的行驶。启动开关位置如图5-6所示。

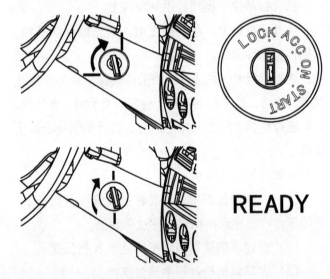

图5-6 启动开关位置

5.5.2 行驶与停车

由于电动车的能耗为电池储存，因此，应尽量避免开启不需要的用电器，尤其在临时停车的情况下，以节省电量、延长续航里程。

纯电动车的行驶与停车部分操作与传统车辆没有区别。 笔记

5.6 驾驶安全应急预案

5.6.1 行车过程中电池发生高温、冒烟时应急措施

司机在行驶过程要特别注意高温报警和电池仓，如果发现某只电池的温度过高，则需停车打开电池仓盖查看电池，如有异味或电池仓内有烟冒出，则应按照如下顺序进行处理。

(1) 将车辆停靠路边。

(2) 切断车体高压。

(3) 打开电池仓盖。

(4) 手动解锁，用力将电池拉出车体，尽量将电池远离车体，操作过程中应避免被电池箱滑出时砸伤。

(5) 电池拉出后，尽量将车与电池隔离5 m以外。

(6) 用干粉灭火器灭火（磷酸铁锂电池可以用水、黄沙、灭火毯、土壤、干粉灭火器、二氧化碳灭火器扑灭）。如有消防队到来，尽量阻止其用水冲电池，防止更大规模的电池短路造成电池燃烧发生，但在事态无法控制时，可用大量水进行处理。

5.6.2 车辆发生碰撞

当车辆有发生碰撞可能时，在保证人身安全的情况下，尽量避免在电池箱部位发生碰撞。如在电池箱部位发生碰撞，要迅速断开整车高低压开关，然后拽出动力电池。

Chapter 6 第6章 电动汽车维护保养及故障维修

6.1 电动环卫车

笔记

6.1.1 维护保养

1. 日常维护与保养

（1）检查转向、制动、悬挂、传动等主要部件的紧固情况。

（2）检查真空管道有无漏气现象。

（3）检查驱动桥主减速器、转向机构、真空泵等有无渗漏油现象。

（4）检查轮胎气压是否合乎标准，剔除嵌入轮胎花纹的渣石、铁钉等杂物。清洁无轨电动车车厢内外各部。

（5）按润滑表规定，按时、按量对各润滑点进行润滑。

2. 周期维护保养

1) 每行驶 1 000 km 后的保养内容

（1）完成每日保养内容。

（2）检查蓄电池是否合格。

（3）检查电气系统各部绝缘阻值是否符合规定要求。

2) 每行驶 3 000 km 后的保养内容

（1）完成每日保养内容。

（2）紧固全车的各紧固件，尤其注意检查并紧固好转向拉杆、前、后桥悬挂、牵引电动机、传动轴、制动等系统的紧固件。

（3）进行轮胎换位。

（4）检查真空泵和助力转向系统。

3) 每行驶 6 000 km 后的保养内容

（1）完成每日保养内容。

第6章 电动汽车维护保养及故障维修

（2）清洗、润滑各车轮轮毂轴承，并进行调整松紧度。

 笔记

（3）检查调整前束值。

（4）检查调整各制动蹄片的间隙。

4）每行驶 12 000 km 后的保养内容

（1）完成每日保养内容。

（2）检查真空泵工作情况。

（3）检查转向系统工作情况。

（4）检查牵引电动机等电器部分，并检查电线的紧固情况和各部位的绝缘情况。

3. 部件维护保养

1）电机系统的维护

（1）每天开车前，检查水箱是否有防冻液，如防冻液太少或没有，则必须补充。

（2）每两个月检查电机本体及控制器水冷管道是否通畅，如果冷却水道有堵塞现象，则应及时清理堵塞物。

（3）每半年检查清理一次电机本体及控制器的表面灰尘。

（4）清理方法：断开动力电源，用高压气枪清理电机本体及控制器表面灰尘。

注意：严禁用高压气枪直接对准控制器外壳上的"呼吸器"吹气，应用软毛刷进行清理。

2）动力电池箱的检查与维护

（1）动力电池箱体的检查。

① 外箱的检查、维护。在安装内箱以前：

• 要检查极柱座橡胶护套是否齐全。

• 极柱是否氧化，氧化面要使用 1 500 目砂纸轻轻打磨，或使用棉布用力擦，将氧化层去掉。

② 要定期（一个月）清理外箱灰尘。

③ 极柱拉弧或打火烧蚀，要及时更换。

笔记

④ 如果通信不可靠或24 V供电电源不可靠，要检查CAN线连接插头、24 V连接插头。

⑤ 内箱检查。要检查极柱座是否连接可靠，高压有无打火烧蚀，要定期吸尘清洁。

(2) 电池外箱体高压正负极端子检查。电池外箱如图6－1所示。

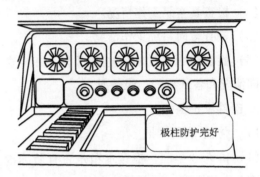

图6－1 电池外箱

① 用兆欧表500 V挡测量各端子之间的绝缘阻值。要求当空气相对湿度≤90%时，绝缘电阻应≥20 MΩ；当空气相对湿度>90%时，绝缘电阻应≥2 MΩ。

② 用兆欧表500 V挡测量各端子与电池外壳之间的绝缘阻值。当空气相对湿度≤90%时，绝缘电阻应≥20 MΩ；空气相对湿度>90%时，绝缘电阻应≥2 MΩ。

③ 目测高压极柱插头、极柱插孔是否有磨损、烧蚀等，并注意保护套等部件是否齐全。

注意：

① 所有箱体内必须保持清洁，严禁任何杂物和污染，以防意外漏电。

② 检查滤网、冷却风扇等是否齐全、牢固。

(3) 电池快换导轨检查。

① 检查快换箱体导轨轴承是否缺失。

笔记

② 检查各轴承滚动是否顺畅，若不顺畅，应及时更换轴承。

③ 导轨应无变形。

（4）机械锁检查。机械锁采用手动解锁装置，由解锁把手、解锁杆、锁口组成。

① 检查解锁把手是否转动平顺。

② 将解锁把手按下去，检查锁是否可以卡到正确的位置。

③ 检查开锁、上锁是否平顺。

（5）高压中控盒电气安全检查

① 在推入动力电池组之前，由具备资质的电工，将连接至中控箱的高压线束（橙色线管）、动力电池输入电缆从中控箱接插件口拔下，其他高压电缆从部件接插件口（如电动空调等部件接插件上）拔下，测量拔下的线束每一个高压端子与电底盘之间的绝缘电阻，其阻值应大于 20 MΩ。

② 保持步骤①的状态，并保持连接至中控盒的低压线束接通，将动力电池推入电池仓后，将车辆电钥匙扭至"START"状态，这时测量所有高压线束端子处的电压，在端子处 A 端子与 B 端子之间应为 400 V 左右或无电压，且 A 为高电势，B 为低电势。

③ 保持步骤②的状态，将车辆的暖风加热系统打开，在连接至 PTC 加热器的高压线束端子处的 A 端子与 B 端子之间应为 400 V 直流电压，其中 A 为高电势。

④ 以上步骤确认无误后方可将车辆电钥匙扭至"OFF"，然后将步骤①拔下的插头依次插上，如发现步骤①~步骤④出现的现象有异常，应在排除异常后继续进行。

（6）冷却液位。冷却液位必须定期检查。

笔记

警告：

① 补注时，应注意避免冷却液从备用水箱向外溢出。

② 若无必要时，请不要取下副水箱注水口盖。

③ 冷却液位应在电机降温后检查。

④ 未经鉴定合格可用于增加冷却效果的防腐剂或添加剂，不得在冷却系统内使用。

⑤ 用户应添加与车辆使用地区外界气温相对应的防冻液，防止冷却水冻结。

⑥ 补注和更换冷却水时，不得使用井水和河水。若无法买到规定牌号的冷却液时，可使用软水和纯水。

⑦ 补注和更换冷却液时，应使用正品发动机冷却液。假冒伪劣的冷却液往往不含防腐剂，因而有可能导致冷却系统零部件被腐蚀。

⑧ 如果发动机冷却液的浓度超过60%，其比热特性就会降低，从而有可能引发电机过热现象。此外，如果浓度降低到20%以下，其防腐特性就会降低。因此，应根据具体工况将冷却液浓度调节为20%~60%的范围内。

⑨ 不得踩散热器盖。

3）动力转向

（1）在转向器使用过程中应注意：

① 新车经磨合后应检查转向系统各部分连接螺钉松紧一次。

② 转弯时，方向盘在转向极限位置停留时间不得超过5 s，以免损坏转向系统。

（2）定期检查动力转向油，随时添加更换。

4）制动空压机

每周检查8 t和16 t电动车的制动空压机油，随时添加更换，防止缺油对空压机造成损坏。

5) 空调系统

(1) 制冷剂 R-134a 充注量应为 (600±50) g。

(2) 空调系统冷冻油只能使用 POE68，容量为 100 mL（压缩机自带）。

笔记

6.1.2 故障维修

电动环卫车故障对照如表 6-1 所示。

表 6-1 电动环卫车故障对照

故障现象	可能原因	处理方法
车辆不能行驶	操作程序错误	仔细参看使用说明书
	接线端子氧化	断开电源、卸下螺母，清理端子干净后再安装上即可
	电机损坏	更换配件
	制动踏板不回位	更换制动踏板回位簧
	接触器损坏	更换配件
	DC/DC 不工作	更换 DC/DC
	电线束插接松动	更换或修复
车辆爬坡吃力甚至停止	车辆过载，导致控制器开关温度高于 75 ℃ 而关机保护	应停车减轻负载，让控制器降温
车辆行驶时，松开加速踏板车辆不减速	加速踏板弹簧断裂	更换配件
打开电源开关后，电量仪表不显示	报警电路的插件松动	锁紧插件
	保险丝烧毁	更换保险丝
转向跑偏	前胎为校正	校正轮胎
	胎压失衡	加气
转向困难	胎压不足	加气
	转向联动轴缺少润滑	加润滑油
	转向主销或球头节损坏	更换配件
缺乏动力，反应迟钝	电瓶电量不足	充电
	手刹未松开	松开手刹

续表

故障现象	可能原因	处理方法
缺乏动力，反应迟钝	传动齿轮损坏	更换配件
	速度控制系统故障	调试维修
异响	传动齿轮或轴承磨损	更换配件
	前桥轴承或后桥轴承磨损	调试或更换配件
	车轮带耳螺母松旷	更换配件
	电机轴承损坏	更换配件
后轮轴承漏油	车轮轴承或垫圈损坏	更换配件
	机油加注过满	适量放油
制动偏软或无力	制动器管路中有空气或推杆长度需要调整	排出制动器管路中空气或调整推杆长度
制动力不足	制动器损坏	更换配件
	制动蹄片被制动液污染	清理干净
车厢不起升	液压动力单元电路故障或电路系统插头松动	检查线路
	动力单元电机损坏	更换配件
	油泵损坏	更换配件
	油管漏油	更换油管
	操作按钮损坏	更换配件
	液压油不足	补充液压油
车厢下落速度过慢	油路堵塞	清洗油路和油管
	液压动力单元的节流阀故障	调整液压动力单元的节流阀

6.2　BJ6123C7C4D 纯电动客车

笔记

6.2.1　维护保养

1. 每日保养

（1）检查转向、制动、悬挂、传动等主要部件的紧固情况。

（2）检查气路管道，有无漏气现象。

（3）检查驱动桥主减速器、转向机构、转向油泵管路、空气压缩机等有无渗漏油和漏气现象。

（4）检查轮胎气压是否合乎标准，剔除嵌入轮胎花纹的渣石、铁钉等杂物。清洁无轨电动车车厢内外各部。

（5）检查自动润滑系统工作正常。

2. 周期维护保养

1）每行驶1 000 km后的保养

（1）完成每日保养内容。

（2）检查动力蓄电池参数，动力电池箱检查、清理吹土。

（3）排除各储气罐中的积水和污物。

（4）检查电气系统各部绝缘阻值是否符合规定要求。

2）每行驶3 000 km后的保养

（1）完成每日保养和1 000 km保养内容。

（2）清洗空气压缩机的空气滤清器、转向助力油罐的滤清器，检查空气干燥器，并更换滤芯。

（3）紧固全车的各紧固件，尤其注意检查并紧固好转向拉杆，前、后桥悬挂、牵引电动机、传动轴、制动等系统的紧固件。

（4）进行轮胎换位。

3）每行驶6 000 km后的保养

（1）完成每日保养和3 000 km保养内容。

（2）检查空气压缩机皮带并进行调整。

（3）检查传动系统。

（4）检查调整前束值。

（5）检查调整各制动蹄片的磨损情况。

笔记

笔记

4) 每行驶 12 000 km 后的保养

(1) 完成每日保养内容。

(2) 检查空气压缩机阀门工作情况和密封性能。

(3) 清洗空气压缩机滤清器。

(4) 检查转向助力油泵工作情况,并清洗油罐的滤清器和更换新油。

(5) 检查牵引电动机、检查清洗空气压缩机及方向助力用电动机、调速装置等电器部分,并检查电线的紧固情况和各部位的绝缘情况。

(6) 检查前大灯的光束。

5) 长期停用时的保养

(1) 经常清洗尘土和检查电动车外部,进行防锈和除锈。

(2) 停驶一个月以上时,应将电车架起,解除前、后悬挂及轮胎的负荷。

(3) 每月对蓄电池进行一次补充充电。

(4) 每月检查一次电气仪表、制动、转向等机构的动作情况,检查各轮胎气压,发现不足时应补充充气。

6.2.2 故障维修

BJ6123C7C4D 纯电动客车故障对照(动力系统部分)如表 6-2 所示。

表 6-2 BJ6123C7C4D 纯电动客车故障对照(动力系统部分)

故障代码	名称	故障处理措施
001	电池温度大于 65 ℃	此时汽车处于强制停车模式: 1. 运用强制挡位模式将汽车移动到不妨碍交通的地方; 2. 通过仪表查看温度大于 65 ℃ 的点所在的电池箱号;

第6章 电动汽车维护保养及故障维修

续表

故障代码	名 称	故障处理措施
001	电池温度大于65 ℃	3. 不妨碍交通的情况下打开电池箱盖，运用散热风扇散热； 4. 待温度降到50 ℃以下时，运用自动挡模式将汽车低速开回充电站，通知技术人员检查电池箱
002	电池能量小于10%	方法1：运用强制挡位模式将汽车开回充电站充电（对电池损害较大）
003	单体电池电压太低	方法2：用拖车拖回（对电池损害较小）
004	电池箱甩脱，停车	将车缓慢移动到路边，然后检查电池箱
010	单体电池电压低	尽快返回充电站充电
011	电池温度高，请检查	在不妨碍交通的情况下停车检查电池箱 尽量保持低速、匀速行驶，返回充电站后检查电池箱
012	电池能量小于20%	尽快返回充电站充电
013	总电压小于360 V	尽快返回充电站充电
014	电机控制器温度高	在不妨碍交通的情况下，打开后备箱盖散热
015	电池管理通信异常	返回充电站后通知相关技术人员检查
016	整车系统故障	返回充电站后通知相关技术人员检查
017	变速器通信异常	返回充电站后通知相关技术人员检查
018	IGBT故障	返回充电站后通知相关技术人员检查
019	MC通信异常	返回充电站后通知相关技术人员检查
020	电机控制器故障	返回充电站后通知相关技术人员检查
021	自动变速器故障	返回充电站后通知相关技术人员检查
022	电机通信异常	返回充电站后通知相关技术人员检查
023	绝缘报警	返回充电站后通知相关技术人员检查
024	电池能量低，充电	尽快返回充电站充电
050	PVCU通信中断（根据整车控制器LIFE判断）	返回充电站后通知相关技术人员检查

续表

故障代码	名称	故障处理措施
051	电池不匹配	通过仪表检查电池电压过低的电池箱号,并更换
052	ECAS 提升	
053	ECAS 下降	
054	侧倾指示	
055	托板呼叫	
056	车身通讯异常	返回充电站后通知相关技术人员检查
057	ECAS 故障	返回充电站后通知相关技术人员检查
058	电池能量低	尽快返回充电站充电
059	电池过电流	降低电池电流
060	电池能量过高	停止充电
061	电池电压过低	尽快返回充电站充电
062	电池电压过高	停止充电
063	电机超速	记录现象,返回充电站后通知相关技术人员检查
064	MC 相电流过高	
065	MC 自检错误	
066	MC 直流电压过高	
067	电池均衡故障	返回充电站后通知相关技术人员检查

BJ6123C7C4D 纯电动客车故障对照（车身部分）如表 6-3 所示。

表 6-3 BJ6123C7C4D 纯电动客车故障对照（车身部分）

故障代码	名称	故障处理措施
100	左前转向灯故障	
101	左侧转向灯故障	
102	左前雾灯故障	1. 检查是否灯泡损坏,如果是,更换新灯泡 2. 检查电线是否有断开的地方
103	左前近光灯故障	
104	左前远光灯故障	
105	左前小灯故障	
106	左前侧位灯故障	

第6章 电动汽车维护保养及故障维修

续表

故障代码	名　　称	故障处理措施
107	右前转向灯故障	1. 检查是否灯泡损坏，如果是，更换新灯泡 2. 检查电线是否有断开的地方
108	右侧转向灯故障	
109	右前雾灯故障	
110	右前近光灯故障	
111	右前远光灯故障	
112	右前小灯故障	
113	右前侧位灯故障	
114	前门线圈1故障	更换新的电磁阀线圈
115	前门线圈2故障	
116	电闸继电器故障	更换新的继电器
117	除霜器故障	返回充电站后通知相关技术人员检查
118	左厢灯1故障	1. 检查是否灯泡损坏，如果是，更换新灯泡 2. 检查电线是否有断开的地方
119	右厢灯1故障	
120	左厢灯2故障	
121	右厢灯2故障	
122	左前示廓灯故障	
123	左前示廓灯故障	
124	司机照明灯故障	
125	前换气扇电机故障	返回充电站后通知相关技术人员检查
126	左后转向灯故障	1. 检查是否灯泡损坏，如果是，更换新灯泡 2. 检查电线是否有断开的地方
127	右后转向灯故障	
128	牌照灯故障	
129	左后行车灯故障	
130	右后行车灯故障	
131	左后雾灯故障	
132	右后雾灯故障	
133	左倒车灯故障	
134	右倒车灯故障	

续表

故障代码	名称	故障处理措施
135	左制动灯故障	1. 检查是否灯泡损坏，如果是，更换新灯泡 2. 检查电线是否有断开的地方
136	右制动灯故障	
137	后示廓灯故障	
138	左后侧位灯故障	
139	右后侧位灯故障	
140	倒车蜂鸣器故障	检查是否为线路问题，如不是更换蜂鸣器
141	电暖气继电器故障	更换继电器
142	后换气扇电机故障	返回充电站后通知相关技术人员检查
143	电闸控制状态故障	返回充电站后通知相关技术人员检查
144	跳板电路故障	返回充电站后通知相关技术人员检查
145	前门行程开关故障	返回充电站后通知相关技术人员检查
146	后门线圈1故障	更换电磁阀线圈
147	后门线圈2故障	
148	高位制动灯故障	1. 检查是否灯泡损坏，如果是，更换新灯泡 2. 检查电线是否有断开的地方
149	干燥器线圈故障	更换电磁阀线圈
150	报警蜂鸣器故障	检查是否线路问题，如不是更换蜂鸣器
151	控制电源故障	返回充电站后通知相关技术人员检查
152	高压功率输出故障	返回充电站后通知相关技术人员检查
153	MC复位继电器故障	更换继电器
154	左前灯节点掉线	返回充电站后通知相关技术人员检查 检查CAN线是否正常连接 检查保险是否断开
155	右前灯节点	
156	前顶节点掉线	
157	后顶节点掉线	
158	后门节点掉线	
159	后灯节点掉线	
160	ECAS节点掉线	

6.3 迷迪 BJ6438EVAA3 纯电动乘用车

6.3.1 维护保养

1. 电机保养

（1）每天开车前检查水箱是否有防冻液，如防冻液太少（或没有）必须补充。

（2）每两个月检查电机本体及控制器水冷管道是否畅通，如果冷却水道有堵塞现象，则清理堵塞物。

（3）每半年检查清理一次电机本体及控制器表面灰尘。清理方法：断开动力电源，用高压气枪清理电机本体及控制器表面灰尘。

注意：严禁高压气枪直接对准控制器外壳上的"呼吸器"吹气，应用软毛刷进行清理。

2. 电池系统保养

电池系统需每 3 个月或每行驶 5 000 km 后进行一次保养，保养时需检查内容为：检测电池单体电压。此项操作应到维修站由专业人员进行。

3. 高压系统保养

高压系统需每 3 个月或每行驶 5 000 km 后进行一次保养，即在对电池进行保养的同时进行高压系统的保养。保养时需检查内容为：高压接插件是否松动，高压线束是否有外皮脱落、损坏的现象。此项操作应到维修站由专业人员进行。

6.3.2 故障维修

纯电动乘用车故障对照如表 6-4 所示。

表 6-4 纯电动乘用车故障对照

故障现象	可能原因	处理方法
充电机故障	输入欠压	需到维修站维修或进行更换
	输入过压	
	输出欠压	
	输出过压	
	输出未接电池	
	过温	
	短路	
	正负极反接	
DC/DC 变换器故障	输入欠压	需到维修站维修或进行更换
	输入过压	
	输出欠压	
	输出过压	
	过温	
	短路	
动力电池异常断开	绝缘监测电路故障	更换 BMS 主控盒
	绝缘阻抗过低	检查高压线束绝缘状况 检查中控盒绝缘状况
	动力电缆母线折断	更换动力电缆
	高压继电器不吸合	更换高压继电器
	熔断器熔断	更换熔断器
	BMS 故障	更换 BMS 主控盒
动力电池不能正常断开	高压继电器粘连	更换高压继电器
单体电池电压过高	单体电池损害	需到维修站维修或进行更换
	单体电池连接条松接	紧固单体间连接
单体电池电压过低	单体电池损害	需到维修站维修或进行更换
	单体电池连接条松接	紧固单体间连接
单体电池电压不均衡	单体电池损害	需到维修站维修或进行更换
	单体电池连接条松脱	紧固单体间连接

第6章 电动汽车维护保养及故障维修

续表

故障现象	可能原因	处理方法
电池包温度过高	冷却风扇故障	检查车辆后部风扇并更换
	温度传感器故障	更换温度传感器
电池包温度过低	气温过低	开启电池加热装置进行加热
	温度传感器故障	更换温度传感器
电池包温度不均衡	电池箱间连接风管松脱	紧固连接风管
SoC 过高	SoC 显示异常	更换显示屏或 BMS 主控盒
	电池充电过饱	行驶车辆对电池放电
SoC 过低	SoC 显示异常	更换显示屏或 BMS 主控盒
	电池需要充电	对动力电池进行充电
电流显示异常	电流传感器故障	更换电流传感器
	显示屏故障	更换显示屏
	BMS 发送数据故障	检查并维修 BMS 主控盒
空调	高压继电器不能吸合	同"动力电池异常断开"
车辆不能启动	高压继电器不能吸合造成 DC/DC 变换器不能正常工作	同"动力电池异常断开"
暖风不能启动	高压继电器不能吸合造成 DC/DC 变换器不能正常工作	同"动力电池异常断开"
	暖风继电器不能吸合	更换暖风继电器

6.4 维护保养安全

6.4.1 高压安全操作原则

（1）坚持"以人为本，安全第一"的原则，确保人身安全与系统安全。电动车的安全包括人身安全与系统安全。在制定安全防范措施时，人身安全是优先级的。即使发生不可预见的事故、系统崩溃，也要保证人身安全。

笔记

笔记

（2）从系统设计到部件选型、加工工艺、质量检验及维护等都应严格按有关电动车的国家标准和国际标准执行。

6.4.2 人员要求

（1）电动车高压操作人员必须具有相应操作资质（如电工证等），严禁没有相应操作资质的人员对电动车高压系统进行操作。操作人员上岗前必须进行安全操作培训，严格执行安全操作规范。

（2）操作人员上岗不得佩戴金属饰物，例如手表、戒指等，工作服衣袋内不得有金属物件，例如钥匙、金属壳笔、手机、硬币等。

（3）操作人员不得把与工作无关的工具带入工作场地，必须使用的金属工具其手持部分应作绝缘处理。

（4）每次通高压电源之前，操作人员应检查各高压电器周边有无杂物，并通知无关人员远离上述部位，合闸时要高声提示。

6.4.3 维护要求

（1）拆卸检修高压电器部件时应拉出动力电池总正和总负，切断高压回路。

（2）车辆长时间停放时，应每周检查一次动力电池状态，防止电池漏电损坏。

第7章 电动汽车充电与换电

7.1 电动环卫车

7.1.1 整车充电

1. 充电前的准备

（1）检查灭火设备（如灭火器等）是否齐全且状态良好。

（2）用兆欧表测量电池组的绝缘阻值：将兆欧表的"L"端与固定在车身上充电插座孔相连；将"E1"端与车身导电部分相连，绝缘阻值应不少于2 MΩ。

2. 充电步骤

（1）在右侧车身找到充电插座（图7-1），其中上面为直流快充插座，下面为交流慢充插座。

图7-1 充电插座

（2）依充电需求，选择与直流快充插头（图7-2）或交流慢充插头（图7-3）相对应的插座连接。

（3）依充电需求，在直流充电桩（图7-4）或交流充电桩（图7-5）上，按充电说明要求进行充电设置并充电（交流充电桩的充电操作步骤详见7.6节）。

第7章 电动汽车充电与换电

图7-2 直流充电插头

图7-3 交流充电插头

图7-4 直流充电桩

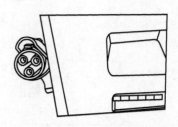

图7-5 交流充电桩

3. 操作注意事项

（1）充电人员需指定持有有效电工证，并经相应培训的专人负责。

 笔记

（2）充电人员要熟悉充电机的使用。

（3）为提高充电效率、延长电池寿命、保证充电安全，充电前应确保电池温度高于0℃，可用以下两种方式之一实现。

① 如果外部环境温度过低时，建议在室内充电：先将车辆在室内保温一段时间，待电池温度升高到0℃以上时再充电。

② 车辆在停止工作前，电池温度一般高于0℃，当车辆不需工作时，应及时充电。

（4）严禁带湿操作。

（5）严禁带不绝缘的工具操作。

笔记

(6) 严禁非专业人员操作。

7.1.2 换电

电池箱体换电过程如下：

(1) 关断点火开关，确保电池无充放电电流。

(2) 左右两手同时将解锁手柄旋转90°。

(3) 向外侧拉旋转手柄，电池箱体沿轨道向外滑动。

(4) 将电池箱体平缓滑入手动推车中，转移至充电电机处。

(5) 将更换的充满电的电池箱体水平放到导轨上，向里推动电池箱体。

(6) 检查电池箱体是否完全推入，推动手柄锁止。

7.2 BJ6123C7C4D 纯电动客车

7.2.1 整车换电

图7-6所示为北京公交电动车充电站。

图7-6 北京公交电动车充电站

第7章 电动汽车充电与换电

 笔记

电池能量密度低导致纯电动车辆续驶里程短,再加上电池充电时间长,导致电动汽车应用区域小,并且无法满足不间断行驶的要求。考虑到现阶段动力电池技术现状和实际应用中 24 h 不间断运行模式之间的矛盾,北京理工大学联合北京电巴科技有限公司和北京交通大学共同研制了适用于快速更换模式的动力电池及其更换存储系统,可以实现电动车辆动力电池组的快速更换,有效地延长了纯电动车辆的运行时间和运行区域,扩大了运行里程。图 7-7 所示为纯电动客车快换系统。

图 7-7 纯电动客车快换系统

7.3 迷迪 BJ6438EVAA3 纯电动乘用车

当仪表板上的电池电量显示仪表指针进入红色区域时,需要对车辆进行充电。车辆充电有快速充电和慢速充电两种方式。

当车辆进行充电时,仪表板上的动力蓄电池充电状态指示灯会亮起,直至电池充满或人为拔掉充电插头时,充电指示灯熄灭。

笔记

7.3.1 快速充电

快速充电充电方法:将驾驶员座椅下手柄向上提起,然后打开充电口端盖,接入外部充电插头即可。充电完成后,断开充电桩或充电站的电源,然后拔掉外部充电插头,盖上充电口端盖即可。

驾驶员座椅下手柄及快充充电口如图7-8所示。

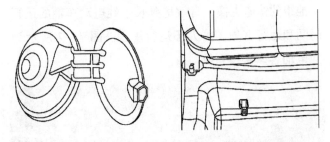

图7-8 迷迪BJ6438EVAA3纯电动乘用车
快充充电口示意

7.3.2 慢速充电

慢速充电充电方法:将车头前标识的盖子按逆时针方向旋转打开,插入外部充电插头进行充电即可充电完成后,断开充电桩或充电站的电源,然后拔掉外部充电插头,将充电口旋转盖上即可(交流充电桩的充电操作步骤详见7.6节)。

慢充充电口位置如图7-9所示。

图7-9 迷迪BJ6438EVAA3纯电动乘用车
慢充充电口示意

7.3.3 操作注意事项

（1）充电过程中可以将电动汽车钥匙打到"ON"挡，此时可以在仪表板上观察电池电量。

（2）慢速充电时，当驾驶员插入外部充电插头进行充电，仪表板上的动力蓄电池充电状态指示灯却不亮，可能是车载充电机或慢充输入输出高压线束故障，需将车辆尽快送至维修站检查并维修。

7.4 北汽 E150EV 纯电动乘用车

7.4.1 充电前的准备

1. 充电口

充电口位置及开关如图 7-10 所示。

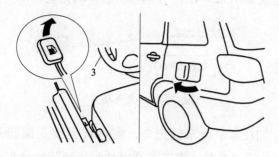

图 7-10　充电口位置及开关

2. 充电盖板

充电盖板位于车辆左后翼子板处，在驾驶员座椅左侧的板上有一扣手，将扣手向上扳起，充电盖板打开。

3. 充电线

充电线装在充电线收纳袋中，随车放在车厢内。

充电线（图 7-11）包括两个七芯充电枪（图 7-12）和一个转换接头，用于连接充电桩端插

笔记

座和车辆充电口插座。

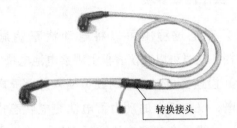

图7-11 充电线

图7-12 充电枪

收纳袋中还备有三芯充电插头（图7-13），用于连接家用220 V/16 A插座，给车辆充电。

图7-13 充电插头

如在家中给车辆充电，需将转换接头旋转开，拿掉七芯充电枪，把三芯充电插头接到转换接头上，拧紧转换接头，即将排挡杆切换到"D"挡位置。可使用图7-14所示的家用充电线。

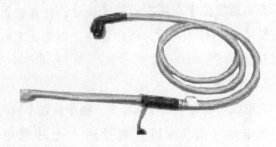

图7-14 家用充电线

使用前,需根据充电方式选择所需部件装配充电线,并确保充电线转接头螺帽已拧紧。如果使用家用插头进行充电,则使用 220 V/16 A 的插座,否则容易引起跳闸等情况。

 笔记

7.4.2 充电步骤

第 1 步:将汽车断电以后,打开充电口盖(图 7 - 15),此时电机转速表上的充电指示灯点亮。此时,车辆在打到"ON"挡时也不会行驶。

充电过程中电机转速表中的充电指示灯一直处于点亮状态,只有拔下充电插头并关闭充电门板之后,充电指示灯才会熄灭。

第 2 步:将充电插头与车辆上的充电插座进行连接。

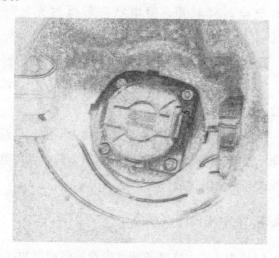

图 7 - 15　充电口

第 3 步:将充电插头的另一端与充电桩上的充电插座进行连接,刷卡后,车载充电机将开始对动力电池包充电。或者将家用插头插入 220 V/16 A 的插座进行充电,如图 7 - 16 所示(交流充电桩的充电操作步骤详见 7.6 节)。

笔记

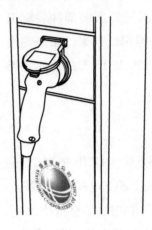

图 7-16 充电接口

要将电量很低的动力电池包充至满电状态，使用 220 V 交流电一般需要 7 h。充电时间的长短也取决于动力电池包的荷电状态（SoC），荷电状态较高时充电时间较短，荷电状态较低时充电时间较长。

充电过程中要查看动力电池包电量是否已经充满，只需将钥匙打到"ACC"或者"ON"挡，即可从仪表盘上读出。

当指针指示在 100% 时，表明动力电池包已经充满电。当指针未指示在 100% 附近时，说明动力电池包尚未充至满电状态。

7.4.3 充电操作注意事项

（1）由于动力电池的特性以及检测精度的问题，有时候动力电池包充至满电状态时，SoC 表的指针并未指示在 100%，这个指示的范围可能是在 98% ~ 100%。所以可以认为当 SoC 表的指针指示在 98% 以上时（包括 98%），动力电池包已经充满电。

（2）在充完电拔下充电接头以后，如果没有及时查看 SoC 表的充电状态，而是过了几个小时或者更长的时间才进行查看,这时由于动力电池的特性,SoC 表指针可能指示在 98% 以下,这并不意味着动力电池包出现了故障。

笔记

(3)动力电池包的可用能量会随着使用时间的延长而逐步衰减。如果动力电池包的使用时间已经很长,充满电时 SoC 表指针也不会指示在 100% 附近。

(4)动力电池包充电过程中,电池管理系统会自动控制充电电流的大小,当动力电池包充至满电状态时,电池管理系统会自动终止对动力电池包的充电。

(5)当环境温度太低时,插上充电接头以后,电池管理系统会自动先对电池包进行加热,当温度合适以后才对电池包进行充电。

7.5 长安 E30 纯电动出租车

7.5.1 充电条件

当组合仪表上图标 ⚡(黄色)点亮或当动力电池剩余电量小于等于 25% 时,必须进行充电。

注意:充电温度要求 0 ℃ ~ 55 ℃,放电温度要求 -20 ℃ ~ 60 ℃。

7.5.2 充电步骤

第 1 步:车辆应停放在远离易燃易爆物品的室内,换挡手柄置于"P"挡,拉起手刹,点火开关打到"OFF"。

第 2 步:检查冷却液,确认液位是否正常。检查充电桩插座,确保安全可靠。

笔记

第3步：充电时，先插上"交流充电线"的供电端；之后，向上提拉驾驶员座椅左侧的开锁开关（图7-17），打开充电口盖，插入"交流充电线"车辆端（交流充电桩的充电操作步骤详见7.6节）。

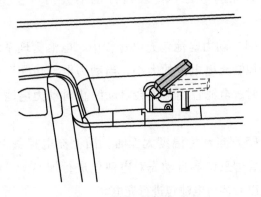

图7-17 充电盖开锁开关

第4步：当组合仪表上图标 ⚡（红色）点亮时，表示充电连接装置已经正常连接。当组合仪表上图标 ⚡（黄色）点亮时，表示动力电池已开始充电。

图7-18所示为充电口示意。

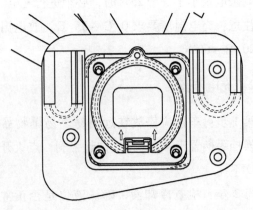

图7-18 充电口

第5步：组合仪表图标 🔌（黄色）熄灭后，表示动力电池已被充满，请先拔去"交流充电线"车辆端，后拔去"交流充电线"供电端（图7-19），关好充电口，整理好交流充电线。

 笔记

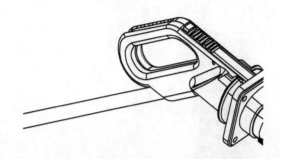

图7-19 "交流充电线"供电端

7.5.3 充电操作注意事项

（1）在车载自动启动的温度控制相关功能正常的情况下，为缩短充电时间，在车辆充电过程中，不建议使用车载用电设备。

（2）低温情况下充电，空调会给电池加热的情况属于正常。

（3）如果在车辆充电过程中遇到故障，请寻求专业人员进行处理，不要私自尝试维修。

7.6 交流充电桩充电操作

7.6.1 交流充电桩外观

交流充电桩的外观如图7-20所示。

7.6.2 交流充电桩基本构成

交流充电桩基本构型如图7-21所示。

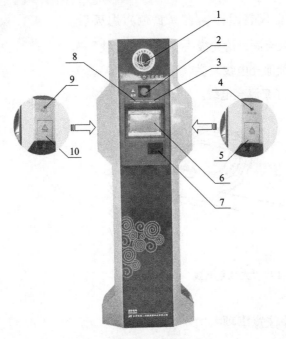

图 7-20 交流充电桩外观

1—背光灯；2—急停按钮；3—B口运行指示灯；4—B口接入指示灯；5—电动汽车充电接口 B；
6—人机操作界面；7—插卡口；8—A口运行指示灯；9—A口接入指示灯；10—电动汽车充电接口 A

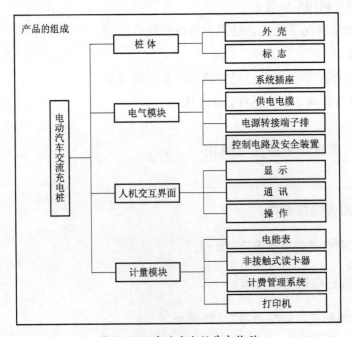

图 7-21 交流充电桩基本构型

7.6.3 充电准备

将充电插头插入交流充电桩侧面的充电口 A 或充电口 B，对应充电插口的红色指示灯亮，表示车载充电机和充电桩已经连接好，可以进入触摸屏操作。

如果界面是如图 7-22 所示，应按"确认"键。

笔记

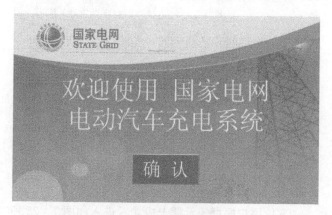

图 7-22 充电准备界面

7.6.4 充电操作步骤

（1）如果显示屏显示为图 7-23 所示插卡界面，应按界面提示操作。

图 7-23 插卡界面

笔记

(2) 插入充电卡后,显示如图 7-24 所示密码输入界面,应按要求输入充电卡的密码,如果输入密码有误,请按"删除"键进行修改,确保密码正确后应按"确认"键。

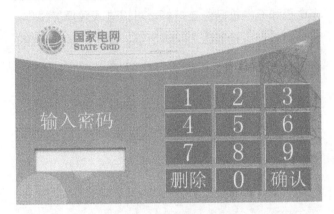

图 7-24　密码输入界面

(3) 用户根据提示插卡成功后进入如图 7-25 所示卡内信息界面,该界面显示当前卡内余额等信息。

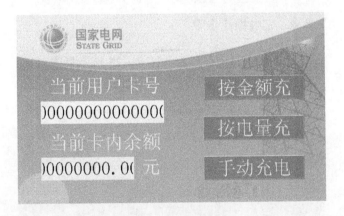

图 7-25　卡内信息界面

充电方式选择:

(1) 用户选择并按下"按金额充"时,将进入如图 7-26 所示按金额充电界面,应输入充电金额值,输入金额有误时请按"删除"键删除并进行修

第7章 电动汽车充电与换电

改,确认无误后应按"确认"键确认。

笔记

图7-26 按金额充电界面

(2)用户选择并按下"按电量充"时,将进入如图7-27所示按充电量充电界面,应输入充电电量值,输入电量有误时请按"删除"键删除并进行修改,确认无误后应按"确认"键确认。

图7-27 按电量充电界面

(3)用户选择并按下"手动充电"时,将直接进入如图7-28所示手动充电界面,应选择插入插头的对应充电口,进行充电,同时对应充电指示灯亮。

207

笔记

图 7-28　手动充电界面

界面显示：

（1）如果充电口被占用，则显示如图 7-29 所示界面，如果有一个充电口被占用，则只显示一个充电口被占用。启动充电后，充电卡将自动弹出（如果是手动退卡的读卡器，应按下读卡器上的金属按钮退卡）。

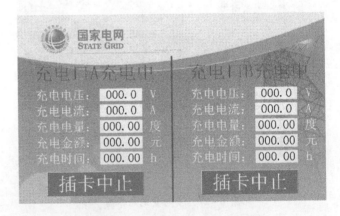

图 7-29　充电口均被占用时的界面

（2）在选择"按时间充"或"按金额充"电模式时，充电完成后，充电桩将自动停止相应充电口输出，用户将充电卡插入读卡器并按下对应的"插卡结算"按键进行结算，结算完毕后，充电卡将自

第7章　电动汽车充电与换电

动弹出（如果是手动退卡的读卡器，应按下读卡器上的金属按钮退卡）如图7-30所示。

笔记

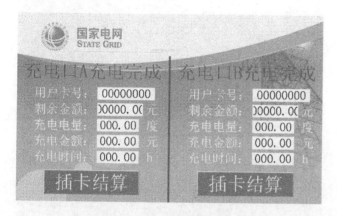

图7-30　插卡结算界面

7.6.5　充电操作注意事项

如果用户输入密码错误，并按下"确认"键，将出现如图7-31所示界面，应按"返回"键重新输入。

图7-31　输入密码错误界面

如果用户连续3次输入错误密码并确认，将显示如图7-32所示界面，并被锁定。

笔记

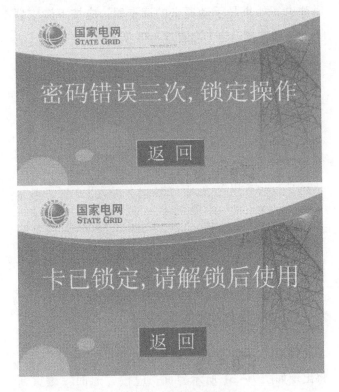

图 7-32 锁定操作界面

如果用户所选充电电量大于卡内余额,将显示如图 7-33 所示界面。

图 7-33 余额不足界面

如果充电插头和充电插口连接不良,将出现如

图7-34所示界面,应检查连接电缆。

 笔记

图7-34 连接故障界面

7.6.6 交流充电桩操作安全警告

(1) 在充电过程中,不能强行拔下充电插头,强行拔下充电插头可能会引起充电插口处打火,造成安全事故。

(2) 在充电过程中如果发生安全事故,如异常响声、电线短路等,应砸碎充电桩红色蘑菇头按钮玻璃挡板,并按下红色蘑菇头,停止设备电源。

(3) 如果想随时终止充电,应将充电卡插入读卡器,按正常操作方法进行操作。

7.7 充电机充电操作

电动汽车充电机可为纯电动客车、电池箱等提供整车及电池箱充电服务,这种充电形式提高了电动汽车补充电能的多样性。

7.7.1 充电机外观

充电机的外观和说明如图7-35所示。

笔记

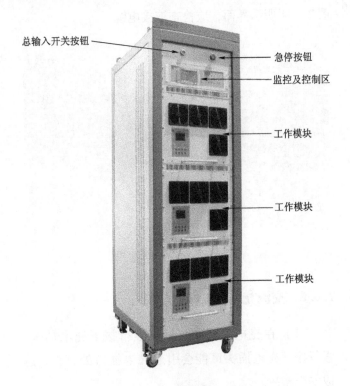

图 7-35 充电机外观和说明

7.7.2 充电机充电操作步骤

下面以连接电池管理进行充电为例，说明充电机设置和充电流程。

1. 参数设置

1) 充电参数

连接电池管理系统后，只需设置一个工作阶段，即第一阶段充电方式设置为恒压限流，其他阶段设为停机。电压、电流和停止值按实际需求设置，充电的时候当输出电流低于停止值时会自动停机。

2) 充电控制

（1）本地控制设置为允许充电。

（2）电池管理 CAN0 设置为启用。启用后，充电机会把电池管理系统上传的充电参数和当前阶段参数进行比较，取较小的值决定输出电压、电流。如果电池管理系统上传的充电参数比当前阶段参数小，在监控页面中的状态行中会显示限制充电。

 笔记

（3）限制单体电压要根据电池管理的控制策略进行设置。如果是电池管理恒单体电压并控制电流，则该项设置为停用（即设置为0）。如果是充电机恒单体电压，则需要设置一个单体电压值，当电池管理发送的最高单体电压值超过限制单体电压值时，充电机会自动降低电流以保证单体电压不超限。如果通信协议中有规定最高允许单体电压，则充电机会在最高允许单体电压和限制单体电压中取较小的值进行控制。设置前请与电池和电池管理厂家联系。

3）告警设置

（1）电池检测必须设置为启用，以防止电池未接、欠压时进行充电。

（2）电池最高温度和电池极柱最高温度需要根据电池特性进行设置。设置前请与电池和电池管理厂家联系。

（3）电池单体最高电压用于充电机。

4）查看电池管理信息

在监控页面下按左键可查看电池管理系统发送的数据。

5）相关告警信息

表7-1所示的充电机告警信息与电池管理有关，显示在监控页面和当前告警页面中，可快速诊断出可能发生的故障。

表7-1 充电机告警信息说明

显示的信息	可能发生的故障
电池反接	检测到电池极性与充电机输出端定义不一致
电池未接	未检测到电池电压

续表

显示的信息	可能发生的故障
电池欠压	检测到电池电压过低
电池管理通信超时	在规定时间内未收到电池管理发送的报文
电池温度过高	1. 收到的电池最高温度数据比充电机设置值高 2. 收到的电池最高温度数据比电池管理最高允许温度值高
电池单体过压	收到的电池最高单体电压数据比充电机设置值高
电池极柱温度过高	1. 收到的电池极柱最高温度数据比充电机设置值高 2. 收到的电池极柱最高温度数据比电池管理最高允许极柱温度值高
电池管理禁止充电	1. 收到的电池管理禁止充电标志有效 2. 电池管理发送的最高允许电压、电流比充电机限制值低

笔记

2. 充电操作

(1) 连接好充电插头和通信插头（有些充电电缆内包含了通信电缆）。

(2) 按下充电机总输入开关按钮。

(3) 等待几秒钟，液晶屏会点亮，并显示公司图标。进入监控页面后，逐步查看充电参数、充电控制和告警设置是否正确。

(4) 等待功率模块启动后，液晶屏会显示"就绪，请按'→'键开始充电"，这时按键盘上的启动键就会开始充电，液晶屏右边的充电指示灯会闪烁。

(5) 等待充电完成，充电机自动停机，充电指示灯应不亮或者常亮。液晶屏状态行应显示充电完成或者告警。确认屏幕上显示的电流值为 0.0 A 后，按下急停按钮，断开总输入端，拔下充电插头，这样就完成了一次充电过程。

注意：充电过程中可随时按停止键中止充电，如果出现紧急异常情况，请立即按急停按钮，断开总输入空开。

7.7.3 充电机操作注意事项

 笔记

(1) 充电机运行时,禁止打开柜门,禁止拔下充电枪。

(2) 充电机正常运行时,切忌随意断开断路器或者按下急停按钮。

(3) 充电机运行中按下启/停按钮没有反应或充电机出现异常响声、烟雾等情况,请按下急停按钮。

(4) 充电机运行时操作人员及参观人员要与柜体保持一定的安全距离。

(5) 安装时,除了接线端子外,请不要改变柜体内部其他部分。

(6) 整个系统应远离烟火。

7.8 充电操作安全须知

7.8.1 锂离子电池安装安全操作规程

(1) 锂离子电池或锂离子电池箱总成,在搬运、装配过程中应当轻拿轻放,严禁摔、碰等冲击现象发生。

(2) 锂离子电池或锂离子电池箱总成的存放地点严禁火源,更不能将其丢入火中。在车上安装时应远离热源。

(3) 锂离子电池在运输和存放过程中避免雨淋和浸水。

(4) 锂离子电池的使用和存放环境温度应当为 $-20\ ℃ \sim 75\ ℃$,在过热和过冷的环境下,会缩小电池电容量和缩短电池寿命。

(5) 严禁锂离子电池或锂离子电池箱总成的正负极短路。在组装锂离子电池箱做电池之间连接线

笔记

和在电池箱总成之间连接线时,应当由具备电工资质的人员操作,操作人员应戴绝缘手套,使用的工具手柄均应做绝缘处理,应认真判明电池接线端的极性后再连线,要严格按图纸技术要求施工。

(6) 锂离子电池装箱连线完毕后,认真检查连线是否正确,认真检查电池与电池箱之间的一级绝缘是否符合要求,并通过检验程序后方可封箱装车。

(7) 锂离子电池箱总成在装车及连线完毕后,认真检查连线是否正确,认真检查电池箱与车体之间的二级绝缘是否符合要求,并通过检验程序后方可合闸通电。

(8) 保持锂离子电池箱总成电极表面干燥、干净。

(9) 经常检查电池箱与车体的锁止机构是否可靠,防止电池箱体移位和甩脱。

7.8.2　充电过程中发生紧急情况的应急措施

电池在整车充电过程中,如个别电池箱出现高温、冒烟等紧急情况,现场工作人员需对该电池箱进行紧急处理。首先切断充电机和整车电源,然后迅速将电池从车体中取出放在小推车上,并立即用防火毯将电池箱罩住推到消防沙坑旁,如果已发生起火现象,应立即将电池投入沙坑,并用沙子填埋。如果无上述剧烈现象,由技术人员判断处理,至少要在沙坑旁隔离,由专人看管。防火毯和灭火器要放在明显、容易拿到的地方。手动更换小车需备好,可随时使用。

7.8.3　充电站内电池发生紧急情况的应急措施

电池在充电或充电架上放置过程中,如果个别电池箱出现高温、冒烟等紧急情况,值班长收到信息后，即刻指挥现场工作人员，对该电池箱进行紧急处理，值班室人员应坚守岗位。首先切断充电机电源，然后迅速将电池从充电架上取出放在小推车上，并立即用防火毯将电池箱罩住推到充电站消防沙坑旁，如果已发生起火现象，应立即将电池投入沙坑，并用沙子填埋。如果无上述剧烈现象，由值班长判断处理，但至少要在沙坑旁隔离，由专人看管。处理过程中视情况可用干粉灭火器灭火（磷酸铁锂电池可以用水、黄沙、灭火毯、土壤、干粉灭火器、二氧化碳灭火器扑灭）。

 笔记

参 考 文 献

[1] 陈清泉,孙逢春,祝嘉光. 现代电动汽车技术 [M]. 北京:北京理工大学出版社,2002.
[2] Iqbal Husain. Electric and Hybrid Vehicles Design Fundamentals [M]. 2nd ed. Boca Raton:CRC Press,2010:112–118.
[3] 林程,王砚生,孟祥峰. 奥运纯电动大客车技术与应用 [M]. 北京:北京理工大学出版社,2008.